ミラクルラブリー♥

感《かん》動《どう》のどうぶつ物《もの》語《がたり》

キセキの扉《とびら》

編著♥青空　純

西東社

ミラクルラブリー♥
どうぶつ写《しゃ》真《しん》館《かん》

たいせつなキミへ

読者《どくしゃ》のみんなから大好《だいす》きなペットたちの写真《しゃしん》がとどいたよ。
（みんなも最後《さいご》のページの左側《ひだりがわ》を見《み》て、お気《き》に入《い》りのどうぶつ写真《しゃしん》を送《おく》ってね。）

キミとなら
一生《いっしょう》の友《とも》だちに
なれる…

はじめて
会《あ》ったときに
そう思《おも》ったんだ

キミがきらいな雨《あめ》は
わたしもきらいで
キミが好《す》きな追《お》いかけっこは
わたしも好《す》きで

笑《わら》っちゃうくらい
似《に》た者《もの》同士《どうし》

どうしたの?

だれにも言《い》えない
ヒミツの話《はなし》も
キミになら素直《すなお》に
打《う》ち明《あ》けられるんだ

ねぇねぇ
きいて!

キミのとなりなら
毎日《まいにち》がハッピーになる

どんなことだって
乗《の》り越《こ》えられるさ

これからも
よろしくね

もくじ

《おことわり》
ペットが迷子《まいご》になってしまった、または保護《ほご》した場合《ばあい》には、最寄《もよ》りの警察署《けいさつしょ》・保健所《ほけんじょ》・動物愛護《どうぶつあいご》センターなどに届《とど》け出《で》が必要《ひつよう》です。

第《だい》1章《しょう》

未《み》来《らい》を信《しん》じて…

未《み》来《らい》を信《しん》じて、命《いのち》と向《む》き合《あ》う人々《ひとびと》と
どうぶつたちの
キセキの物語《ものがたり》だよ。

青空純《あおぞらじゅん》物語《ものがたり》

第《だい》1話《わ》

自然《しぜん》との約束《やくそく》

北海道《ほっかいどう》に旅行《りょこう》で訪《おとず》れた純《じゅん》。そこで見《み》たものは…。

※純《じゅん》の飼《か》い犬《いぬ》

行《い》く！
絶対行《ぜったいい》くー!!!
わぁー
広《ひろ》〜い!!!
このあたりには
都会《とかい》にいないどうぶつが
たくさんいるよ
わぁ…！
とっても
楽《たの》しみです!!
空港《くうこう》まで
迎《むか》えにきてくれた
みきのお父《とう》さんが
森《もり》の中《なか》を案内《あんない》
してくれました
エゾリスだ!!
かわいい
〜〜っ
シカの足《あし》あと!!
キャー
足《あし》あとを見《み》ても
感動《かんどう》するんだ 純《じゅん》
あははっ

青空《あおぞら》さんは本当《ほんとう》にどうぶつが好《す》きなんだね
ハイ!!
みきは慣《な》れちゃって全然感動《ぜんぜんかんどう》してくれないよ
ハイハイごめんねー
あははは
野生動物《やせいどうぶつ》に餌《えさ》を与《あた》えないで下《くだ》さい
サッ
あっ!!
キツネ!!すご～い！
サッ
あ…
行《い》っちゃった

またか
ときどき こうしてだれかが 野生《やせい》のキツネに エサをあげていくんだ
冬《ふゆ》
キツネは ※1冬毛《ふゆげ》になると まるまるして 見《み》えるけど
※2夏毛《なつげ》は やせて見《み》えるから 飢《う》えていると勘違《かんちが》い してエサをやる人《ひと》が いるんだよ
夏《なつ》
※1 冬毛《ふゆげ》…秋《あき》に抜《ぬ》けかわる、冬用《ふゆよう》の毛《け》
そうなん ですね…
※2 夏毛《なつげ》…春《はる》から初夏《しょか》に抜《ぬ》けかわる、夏用《なつよう》の毛《け》
あ!!見《み》て 純《じゅん》!!
夏羽《なつば》の シマエナガだよ!
ほらっ
かわいい小鳥《ことり》♡

あのコも“夏用《なつよう》の羽《はね》”なんですか？
そうだよ 冬《ふゆ》の姿《すがた》はコレ この姿《すがた》は知《し》ってる人《ひと》多《おお》いんだけどね
見《み》たことあります!!
冬《ふゆ》
シマエナガも夏《なつ》はほっそりしているから気《き》づかれにくいんだ
夏《なつ》
日本《にほん》では北海道《ほっかいどう》と東北《とうほく》のごく一部《いちぶ》にしか生息《せいそく》してないんだよ
さっきのキツネも…
冬《ふゆ》と夏《なつ》で姿《すがた》が変《か》わるなんて
知《し》りませんでした

生《い》きるためのメカニズムだよ
それなのに人間《にんげん》が※安易《あんい》にエサを与《あた》えたりすると
※深《ふか》く考《かんが》えないこと
エサに頼《たよ》って狩《か》りをしなくなったり
エサ欲《ほ》しさに道路《どうろ》に出《で》て事故《じこ》にあったりするんだ
だから かわいそうに思《おも》っても 基本的《きほんてき》には彼《かれ》らのルールに手出《てだ》しはいけない
一方《いっぽう》で そのルールをこえて守《まも》るときもある
生態《せいたい》の研究《けんきゅう》だったり 動物園《どうぶつえん》のように種《しゅ》の保存《ほぞん》や理解《りかい》のためにね
ぼくらはいつもどうぶつたちから多《おお》くのことを学《まな》んでいる
彼《かれ》らの生態《せいたい》にはまだまだ不思議《ふしぎ》がいっぱいで
いつもぼくらに新《あたら》しい発見《はっけん》や感動《かんどう》を与《あた》えてくれるよ――

第《だい》**2**話《わ》

未来《みらい》への扉《とびら》 命《いのち》をつなげて

シロクマの担当《たんとう》になった清水《しみず》さん。出産《しゅっさん》に挑《いど》むけれど…。

清水《しみず》 4月《がつ》から ホッキョクグマの担当《たんとう》になってくれ
えっ
ホッキョクグマ⁉
そうだ 冬《ふゆ》には おそらく出産《しゅっさん》がある
期待《きたい》してるぞ
ハイ
円山動物園《まるやまどうぶつえん》は ホッキョクグマの 繁殖《はんしょく》で 知《し》られています
責任重大《せきにんじゅうだい》だな…
しかし その ホッキョクグマの 繁殖《はんしょく》は たやすいことでは ありません
世界《せかい》の熊館《くまかん》
新《あたら》しく担当《たんとう》に なった清水《しみず》です
よろしく
じゃあ 紹介《しょうかい》しよう
こっちが メスのララで
向《む》こうが オスのデナリだ

ララは妊娠《にんしん》しているかもと聞《き》きましたが
この間《あいだ》 お見合《みあ》い（交尾《こうび》）したから たぶんな
ホッキョクグマは春《はる》に交尾《こうび》をして冬《ふゆ》に出産《しゅっさん》します
妊娠《にんしん》したかどうかの検査《けんさ》には麻酔《ますい》が必要《ひつよう》なので
赤《あか》ちゃんに負担《ふたん》をかけないよう検査《けんさ》はできません
そのうえ赤《あか》ちゃんは生《う》まれるときでも体重《たいじゅう》が600グラムくらい
とても小《ちい》さいので見《み》た目《め》の判断《はんだん》もできないのです
……
確《たし》かに妊娠《にんしん》してるかわからんな…
当然《とうぜん》か…
だからホッキョクグマの出産《しゅっさん》・子育《こそだ》ては難《むずか》しいといわれているんだな…
事務所《じむしょ》
どさ
これ資料《しりょう》な
今《いま》までララは5頭《とう》の子《こ》どもを育《そだ》てている
ベテラン母《かあ》さんなんだ
でもな…

赤《あか》ちゃんが産《う》まれて子育《こそだ》てが上手《うま》くいくまで
一度《いちど》だって同《おな》じことはないんだ
前回《ぜんかい》よりララは年《とし》をとった気候《きこう》などの環境《かんきょう》も同《おな》じではない
キリッ
もちろん教《おし》えられることは教《おし》えていくが…
ララと向《む》き合《あ》うことが大切《たいせつ》だぞ
がしっ
——はいわかりました！
でもがんばらないと！
これは大変《たいへん》そうだ…
うーん…
事務室

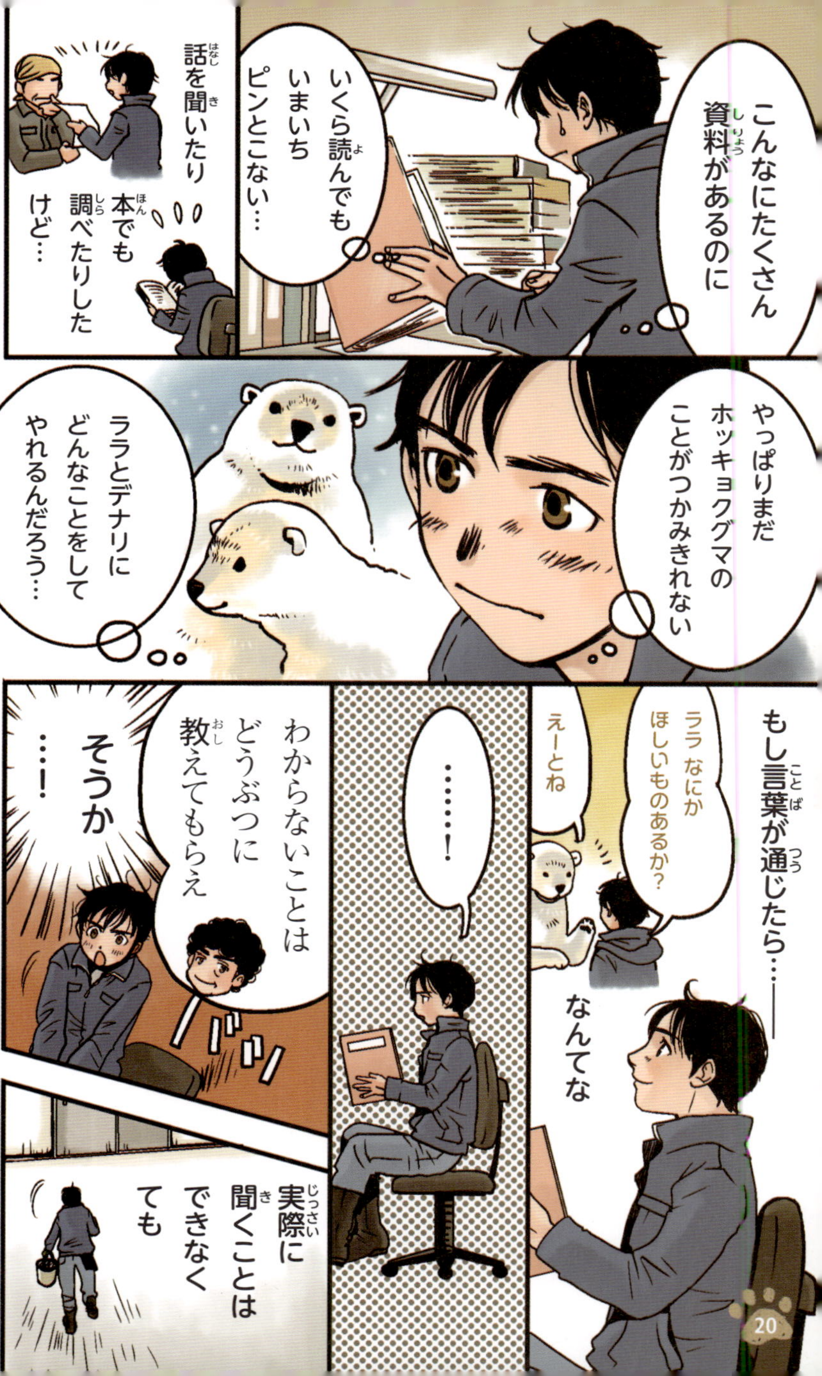
こんなにたくさん資料《しりょう》があるのに
いくら読《よ》んでもいまいちピンとこない…
話《はなし》を聞《き》いたり
本《ほん》でも調《しら》べたりしたけど…
やっぱりまだホッキョクグマのことがつかみきれない
ララとデナリにどんなことをしてやれるんだろう…
もし言葉《ことば》が通《つう》じたら…——
ララ なにかほしいものあるか？
えーとね
なんてな
……！
わからないことはどうぶつに教《おし》えてもらえ
ガバッ
そうか
…！
実際《じっさい》に聞《き》くことはできなくても

頭《あたま》で考《かんが》えてるだけじゃなく
ちゃんと向《む》き合《あ》ってみたらきっとわかる…！
ララ！
ごはんだぞ
ゴトン
す…
警戒心《けいかいしん》が強《つよ》いんだ…
そのぶん頭《あたま》がいいから慎重《しんちょう》に子育《こそだ》てができるのかも
デナリは…

子《こ》どもみたい…
楽《たの》しそうだな
まずは
2頭《とう》との信頼関係《しんらいかんけい》…だな
―さて 秋《あき》
ララの妊娠《にんしん》はまだわかりませんが
着々《ちゃくちゃく》と出産準備《しゅっさんじゅんび》が続《つづ》きます
ホッキョクグマは臆病《おくびょう》で繊細《せんさい》
少《すこ》しでも環境《かんきょう》が違《ちが》うとストレスがたまり
無事《ぶじ》に出産《しゅっさん》できない…

心配《しんぱい》だけど…資料《しりょう》の内容《ないよう》は全部《ぜんぶ》頭《あたま》に入《い》れた理解《りかい》もした
ぱたん
ホッキョクグマは出産前《しゅっさんまえ》に100キロ体重《たいじゅう》を増《ふ》やして エサを食《た》べずに子育《こそだ》てをします
なぜなら エネルギーを蓄《たくわ》えておけば しばらく狩《か》りに出《で》かける必要《ひつよう》がなく 子《こ》グマから離《はな》れずに子育《こそだ》てに専念《せんねん》できるからです
いよいよだ…!
体重《たいじゅう》がなかなか増《ふ》えないな…
このペースで大丈夫《だいじょうぶ》なのか…?
獣医《じゅうい》さん
飼育下《しいくか》では出産《しゅっさん》までに十分《じゅうぶん》に体重《たいじゅう》を増《ふ》やすのは難《むずか》しいんだよ

えっ そうなんですか
日本《にほん》の夏《なつ》は 彼《かれ》らにとって暑《あつ》すぎる
体重《たいじゅう》を増《ふ》やして 脂肪《しぼう》をつけさせると いうのは 人間《にんげん》でいうコートを 着《き》た状態《じょうたい》だから 夏《なつ》バテしてしまうんだ
夏《なつ》でも 0度前後《どぜんご》の 北極《ほっきょく》より 30度《ど》も暑《あつ》い ですからね
だから体重を 増《ふ》やすのは 9月《がつ》ごろからなんだ
夏《なつ》
いつも通りの量
エサ
秋《あき》
増量
エサ
そうなると 短期間《たんきかん》で体重《たいじゅう》を増《ふ》やすのは 限界《げんかい》がある
間《ま》に合《あ》わないのは 仕方《しかた》がなくて
子育《こそだ》て中《ちゅう》におなかが すいたら そのたびに 人間《にんげん》がエサをやらなきゃ いけないんだ
でも 普通《ふつう》 母《はは》グマは子《こ》グマが ある程度《ていど》 大《おお》きくなるまで だれも近《ちか》づかせ ない
人間《にんげん》が近《ちか》づくと いうことは かなり ストレスに なる…
エサのタイミングが 重要《じゅうよう》…ってことですね

ストレスが原因《げんいん》で育児放棄《いくじほうき》したり 子《こ》グマを傷《きず》つけてしまうこともあるからね
バタン
これは…思《おも》ったより大変《たいへん》だぞ…
そうするうちにララの出産予定《しゅっさんよてい》（と思《おも》われる）日《ひ》が近《ちか》づいてきました
出産《しゅっさん》にそなえて大人気《だいにんき》の「世界《せかい》の熊館《くまかん》」も全面《ぜんめん》立《た》ち入《い》り禁止《きんし》に
立入禁止
えー入《はい》れないんだって
なんでー？
ホッキョクグマ見《み》たかったなぁー
…せっかく来《き》てくれたのに
残念《ざんねん》だよなぁ…
みんな楽《たの》しみにしてくれているのに…
遠《とお》くからのお客《きゃく》さんのためにもなんとかならないんでしょうか？
ん～でもなぁ…

昔《むかし》 音《おと》が原因《げんいん》でララは 子《こ》グマを死《し》なせてしまった ことがあるんだ
それで…
ホッキョクグマは 音《おと》にも敏感《びんかん》…
そんな過去《かこ》が あるからなぁ
ねぇパパ シロクマさんは？
ん？
赤《あか》ちゃん産《う》むから お休《やす》みしてるん だって
どうして？
赤《あか》ちゃんを産《う》むのは 命《いのち》がけだから じゃましないようにって ことだと思《おも》うよ
じゃあ 次《つぎ》に来《き》たら かわいい赤《あか》ちゃんが 見《み》られる⁉
きっとね
それなら がまんする！ 赤《あか》ちゃん楽《たの》しみ！
うん 必《かなら》ず 会《あ》いに来《こ》よう
…そうだよな

応援《おうえん》してくれている
お客《きゃく》さんのためにも
世界《せかい》の熊館《くまかん》は
このままでいいんだ
ララの出産《しゅっさん》を
成功《せいこう》させるために
ーモニター室《しつ》
もうすぐ
出産《しゅっさん》しそうな
ララです
世界《せかい》の熊館《くまかん》には
お客《きゃく》さんはもちろん
ぼくら飼育員《しいくいん》も
入《はい》れない
このモニター室《しつ》から
見守《みまも》るしかない
がんばれ ララ!
あ
産《う》まれた…!

さて つぎの問題《もんだい》は
一回目《いっかいめ》のエサやりだ…
キリッ
母《はは》グマは 子《こ》グマがある程度《ていど》
大《おお》きくなるまで だれも
近《ちか》づかせない
でもエサを
あげないと
母乳《ぼにゅう》が心配《しんぱい》だ…
いつ
あげれば
いいのか…
ん?
ずっと産室《さんしつ》に
こもっていたララが
給餌施設《きゅうじしせつ》の前《まえ》で
じっとしている…
これは…

おなかが空《す》いたのか？
今《いま》なのか？
タイミングを間違《まちが》えるとララのストレスに…
最悪《さいあく》子《こ》グマが
…
…ララおなかが空《す》いたか？
…よし…あげよう
ガタッ
そ〜っと
ガチャン
す…
刺激《しげき》しないように…
ス…
バタン…

こうして
暗《くら》いモニター越《ご》しに
確認《かくにん》しながら
エサやりをしていた
清水《しみず》さんでしたが
食《た》べてる！
よかった…
ついにこの日《ひ》が
やってきました
ちょこん
子《こ》グマだ…！
サッ
よかった…
ちゃんと大《おお》きく
なってる…！

すごいぞ
ララ
立派《りっぱ》な
母親《ははおや》だ
――3月《がつ》
室内《しつない》で育児《いくじ》する
ララ母《かあ》さんです
そして4月《がつ》
一般公開《いっぱんこうかい》が
はじまりました
ホッキョクグマの
赤《あか》ちゃんだって！
ねぇ
あれ!?
かわいい～！
パパ！見《み》えたよっ
あれはいつかの親子《おやこ》

あんなに ちっちゃいのに 歩《ある》いてるー！
ほんとだ 小《ちい》さいころの ゆりみたいだな

ホッキョクグマは
個体差《こたいさ》が大《おお》きく
ララのやり方《かた》がほかのメスに
合《あ》うとは限《かぎ》りません

繁殖《はんしょく》の難《むずか》しさから
国内《こくない》の飼育数《しいくすう》も
減《へ》っています

それでも…
ララが最初《さいしょ》に産《う》んだ
ツヨシとピリカは
大人《おとな》になり これから
きっと元気《げんき》な子《こ》を
産《う》むように
なるでしょう

少《すこ》しずつ 少《すこ》しずつ …——
大事《だいじ》な命《いのち》が 未来《みらい》へ つながって いきますように…

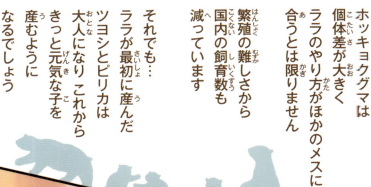

青空純《あおぞらじゅん》の 研究《けんきゅう》レポート 1

「シロ」クマの毛《け》は透明《とうめい》？

「シロクマ」とも呼《よ》ばれるホッキョクグマですが、**じつは毛《け》の色《いろ》は白《しろ》ではなく透明《とうめい》。しかも、毛《け》のなかはストローのように穴《あな》が空《あ》いている**のです。海《うみ》と氷《こおり》の世界《せかい》でくらすホッキョクグマが寒《さむ》さをしのぐため、また水《みず》の中《なか》で生活《せいかつ》しやすいための工夫《くふう》なのだそうです。

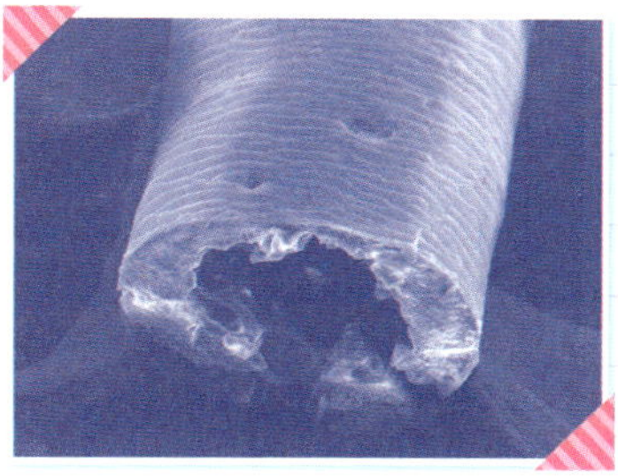

毛《け》の中心《ちゅうしん》は空洞《くうどう》（穴《あな》）に!?

電子顕微鏡《でんしけんびきょう》で拡大《かくだい》した、ホッキョクグマの毛《け》です。毛《け》の中心《ちゅうしん》に穴《あな》が空《あ》いているのがわかります。毛《け》の中心《ちゅうしん》に空《あ》いた穴《あな》に空気《くうき》が入《はい》ることで浮《う》き代《が》わりになり、**水《みず》の中《なか》で浮《う》きやすくなるのです。**

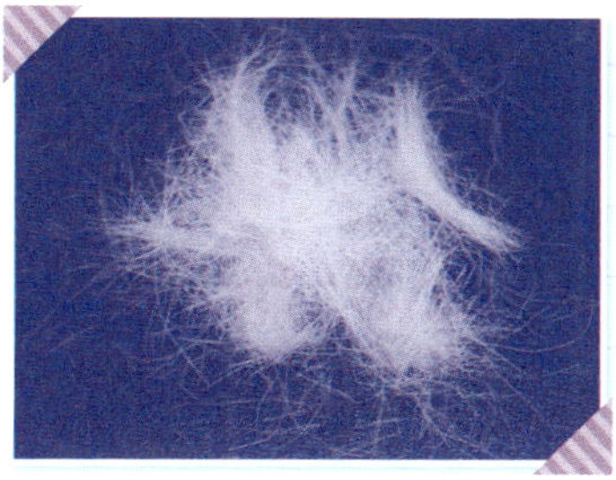

毛《け》の色《いろ》は白《しろ》でなく透明《とうめい》？

毛《け》が透明《とうめい》なことで**太陽《たいよう》の光《ひかり》が体《からだ》の表面《ひょうめん》に伝《つた》わり、あたたかさを保《たも》てます。**透明《とうめい》といっても、光《ひかり》の反射《はんしゃ》の関係《かんけい》で実際《じっさい》には白《しろ》に見《み》えます。白《しろ》い氷《こおり》の上《うえ》で暮《く》らしているので、**獲物《えもの》に見《み》つかりにくい**という利点《りてん》もあります。

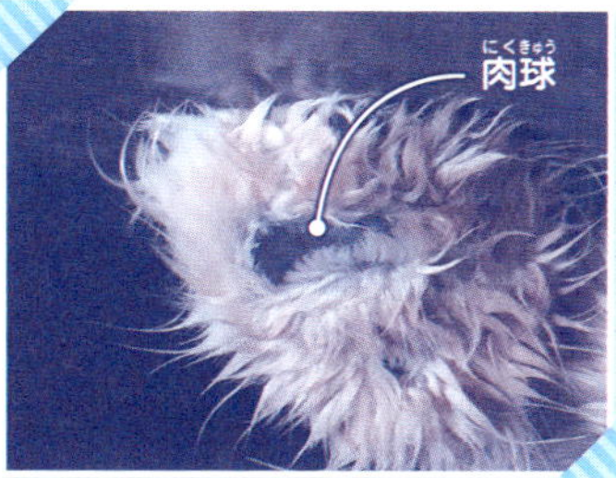

足《あし》の裏《うら》にはふかふかの毛《け》？

足《あし》の裏《うら》には肉球《にくきゅう》からはみ出《で》るくらい、ふさふさと毛《け》が生《は》えています。この毛《け》がすべりどめの役割《やくわり》を果《は》たすので、**つるつるとした氷《こおり》の上《うえ》でも歩《ある》くことができます。**

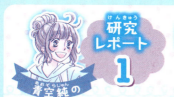

第《だい》3話《わ》

小《ちい》さな命《いのち》の扉《とびら》

ひとりぼっちのジュゴン

フィリピンで保護《ほご》したジュゴン。まだ赤《あか》ちゃんのようで…。

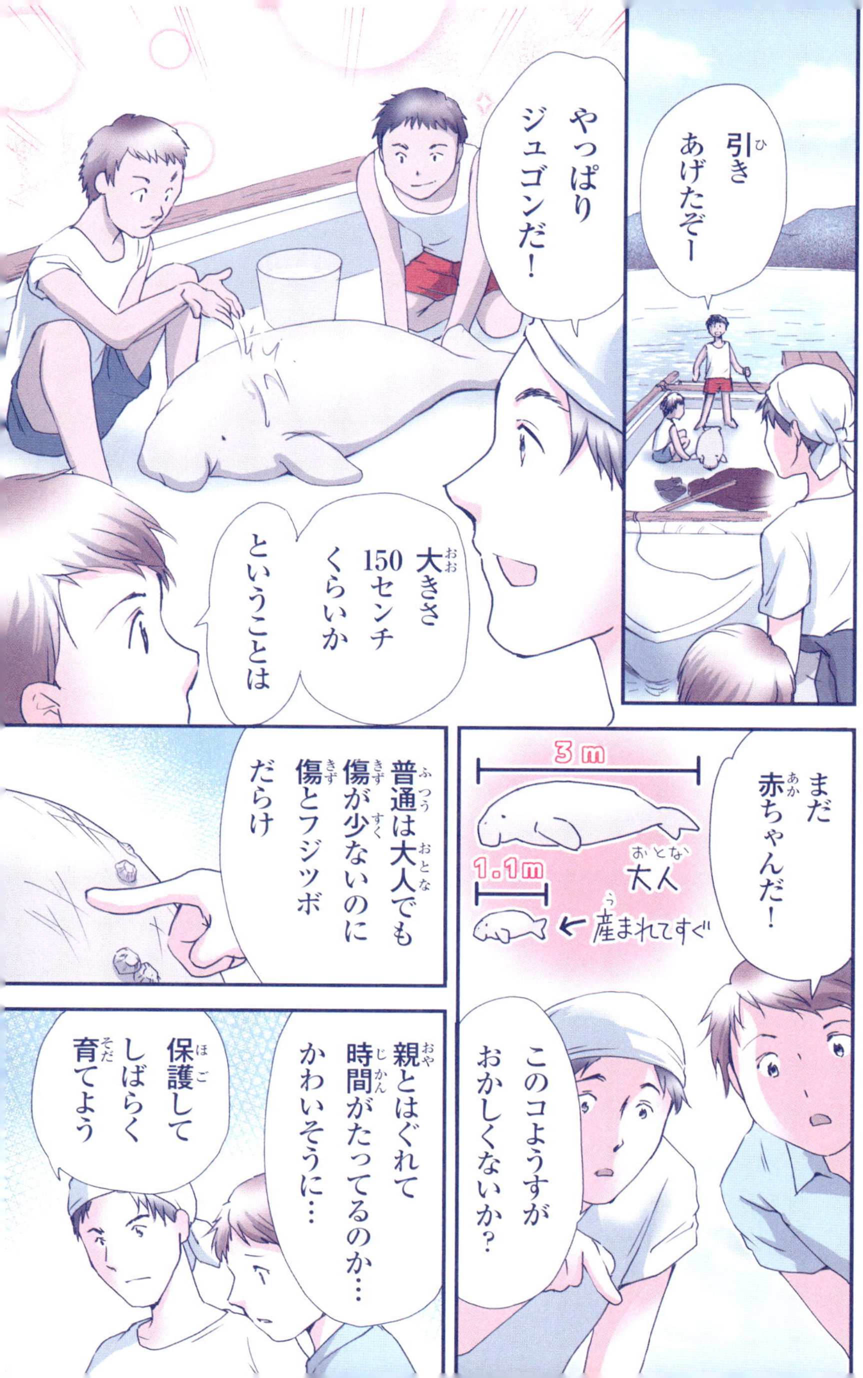

引《ひ》きあげたぞー
やっぱりジュゴンだ！
大《おお》きさ150センチくらいかということは
まだ赤《あか》ちゃんだ！
3m
大人《おとな》
1.1m
産《う》まれてすぐ
普通《ふつう》は大人《おとな》でも傷《きず》が少《すく》ないのに傷《きず》とフジツボだらけ
このコようすがおかしくないか？
親《おや》とはぐれて時間《じかん》がたってるのか…かわいそうに…
保護《ほご》してしばらく育《そだ》てよう

あのコ 生後《せいご》どれくらい？
5か月《げつ》…まだ海草《かいそう》とミルクの両方《りょうほう》が必要《ひつよう》だね
それは困《こま》ったな…
海草《かいそう》はなんとかなるけれど…
人間《にんげん》がミルクで育《そだ》てあげた例《れい》がないから
ジュゴンのミルクの種類《しゅるい》や配合《はいごう》バランス
ジュゴンが吸《す》えるほ乳瓶《にゅうびん》の形《かたち》も大《おお》きさもわからない
ミルク？%
ココナッツミルク？%
その前《まえ》に人間《にんげん》になれてくれるかどうか…
でも…

やるしかない！
ジュゴンの赤《あか》ちゃんを救《すく》うんだ！
ミルクを持《も》ってきただけさ
こわくないよ
すーい
チューブから飲《の》んでくれるかな…
あ
ダメだ飲《の》まずに出《で》てる…
ふわぁ…

くわえる所《ところ》がかたくて吸《す》いにくいんだな
おっぱいみたいにやわらかい材料《ざいりょう》か…
島《しま》の小《ちい》さな雑貨屋《ざっかや》にあるのかな…
台所用《だいどころよう》のゴム手袋《てぶくろ》とホースぐらいしかなかったけど…
指《ゆび》に通《とお》して母親《ははおや》の乳首《ちくび》に近《ちか》づけてみようか
少《すこ》し飲《の》んだけどダメだ
つぎ作《つく》るぞ！
ふぅ….
これで5個目《こめ》か…
どうして飲《の》んでくれないんだろう…

急《いそ》がないと…
ああ どんどん弱《よわ》って危険《きけん》だ
できた!
ウエットスーツの生地《きじ》をまいてみたけど これでどうかな…
ウェットスーツ
(厚《あつ》めのゴム)
ゴム手袋《てぶくろ》の指《ゆび》の部分《ぶぶん》
チューブ
空気《くうき》取《と》り入《い》れ口《ぐち》
チューブだけより弾力《だんりょく》があって くわえやすいはずだ
すぐ試《ため》そう!
たのむ… 飲《の》んでくれ…!

こぼれて…… ないな
うん…
数日後《すうじつご》——
ミルクも 減《へ》ってる！ しっかり 飲《の》んでるぞ！
やったぁ!!
フィリピンの 大統領《だいとうりょう》から!?
MILK

日本《にほん》とフィリピンの友好《ゆうこう》のために日本《にほん》の鳥羽水族館《とばすいぞくかん》でジュゴンを育《そだ》ててほしいって！
「セレナ」って名前《なまえ》ももらったよ
フィリピンのタガログ語《ご》で人魚《にんぎょ》
かわいいな
うれしいけど…
日本《にほん》に行《い》くにはもう少《すこ》し成長《せいちょう》させないとな
ああ
それに
キャプ…
もうひとつ大切《たいせつ》なことを乗《の》り越《こ》えなきゃ…

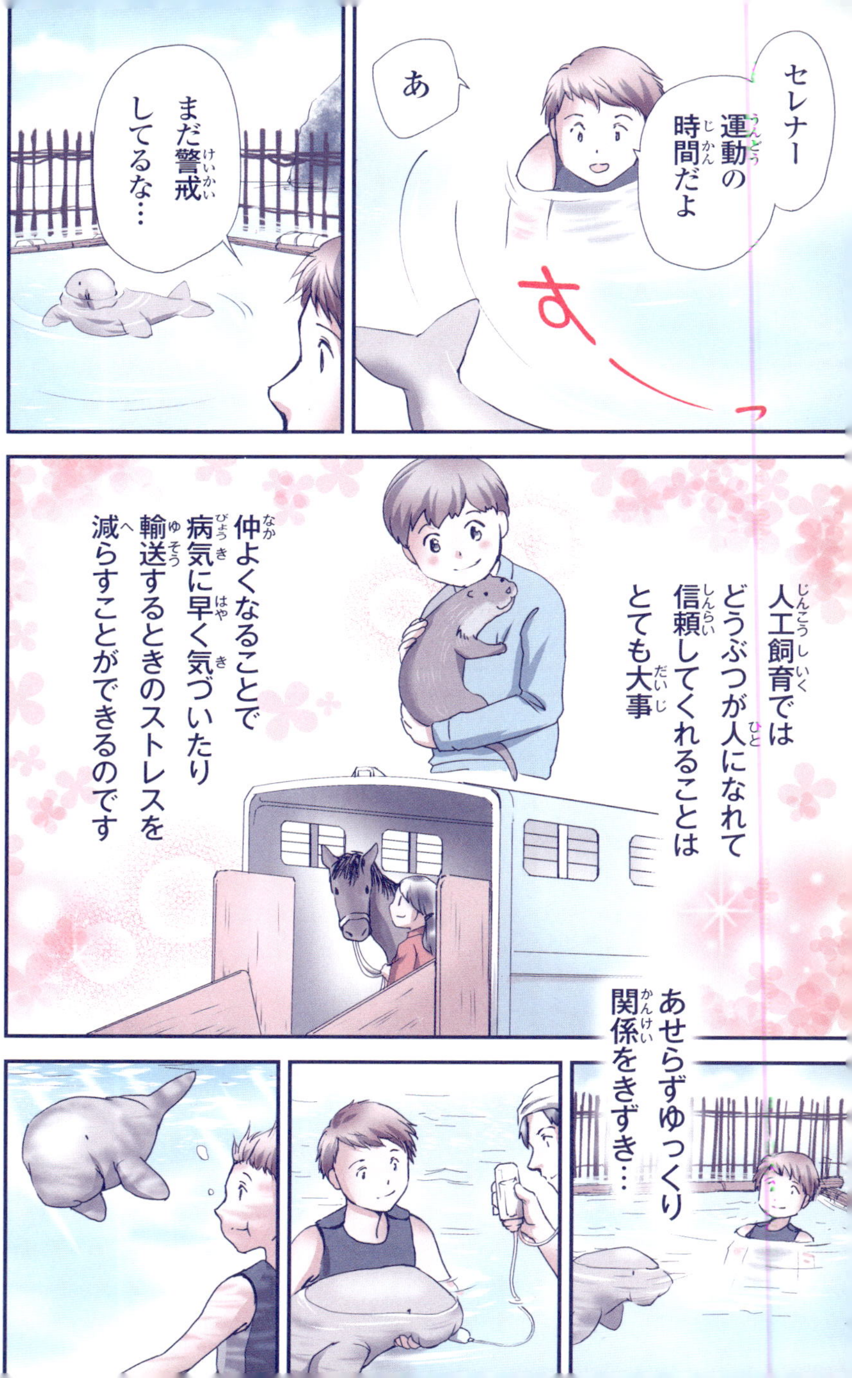

セレナー
運動《うんどう》の
時間《じかん》だよ
あ
すーっ
まだ警戒《けいかい》してるな…
人工飼育《じんこうしいく》では
どうぶつが人《ひと》になれて
信頼《しんらい》してくれることは
とても大事《だいじ》
仲《なか》よくなることで
病気《びょうき》に早《はや》く気《き》づいたり
輸送《ゆそう》するときのストレスを
減《へ》らすことができるのです
あせらずゆっくり
関係《かんけい》をきずき…

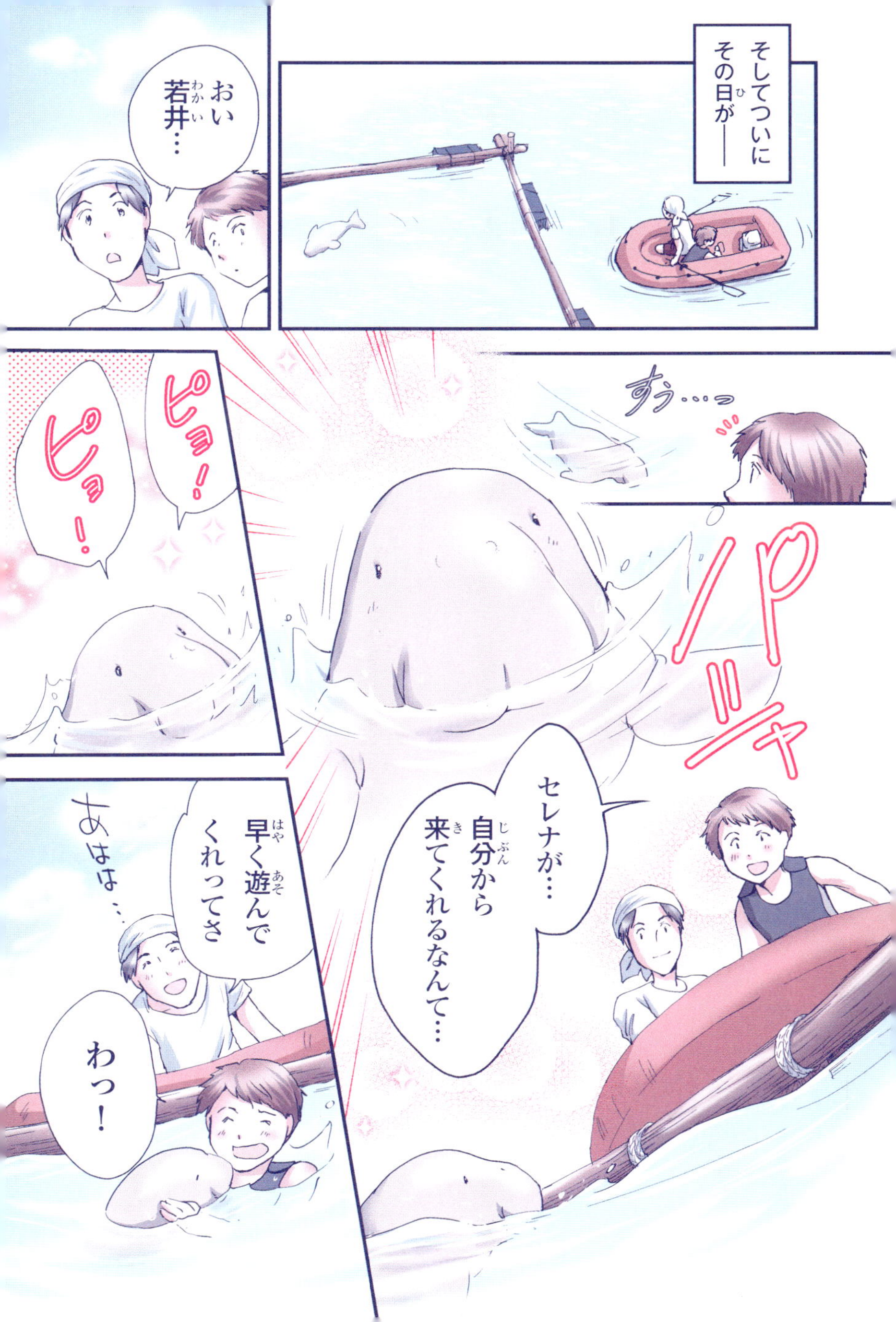
そしてついに
その日《ひ》が——
おい
若井《わかい》…
すぅ…っ
ピョ！
ピョ！
パシャ
セレナが…
自分《じぶん》から
来《き》てくれるなんて…
早《はや》く遊《あそ》んで
くれってさ
あはは…
わっ！

※毎週日曜《まいしゅうにちよう》に教会《きょうかい》へ行《い》ってお祈《いの》りをする習慣《しゅうかん》

囲《かこ》いができたぞ！
急《いそ》いで移動《いどう》だ！
バチャバチャ
セレナ！じっとして！
どうした？
たくさん人間《にんげん》が来《き》て怖《こわ》がってるんだ
いくぞ！せーのっ
よいしょっ!!
ごろん！

ザブン!
一難《いちなん》去《さ》って また一難《いちなん》…
大《おお》きく育《そだ》つまで まだまだだな…
それから6か月《げつ》———…
セレナー
わっ! こらこら!

おっと
なんだ？もっとなでろって？
ここまでなれて体力《たいりょく》もつけばそろそろ…だな
そうだな
フィリピンの小島《ことう》から鳥羽《とば》水族館《すいぞくかん》のある日本《にほん》の三重県《みえけん》へはとても長《なが》い旅《たび》
小舟《こぶね》
小型飛行機《こがたひこうき》
ジェット機《き》に乗《の》り換《か》えて日本《にほん》へ
さらにトラックに乗《の》り換《か》えて水族館《すいぞくかん》に
鳥羽《とば》水族館《すいぞくかん》
人間《にんげん》でもたいへんな長距離《ちょうきょり》です

しかも ジュゴンは
水《みず》の中《なか》の大《おお》きい生《い》き物《もの》
ぬらしたまま
ケガをしないよう
運《はこ》ばなければ
いけません
調査《ちょうさ》チームにとって
ジュゴンの輸送《ゆそう》は
初《はじ》めての挑戦《ちょうせん》でした
ほかのどうぶつの
成功例《せいこうれい》を研究《けんきゅう》して
しんちょうに準備《じゅんび》
しないとな
そうだな
ここまで
大《おお》きく育《そだ》って
くれたんだ…

絶対《ぜったい》無事《ぶじ》に日本《にほん》へ送《おく》り届《とど》けるぞ！
おう！
ピチチチ…
チャプ…
よいしょっと
そーっとそーっと…
のせるぞー せーのっ！
セレナ 朝早《あさはや》くごめんな
一緒《いっしょ》に日本《にほん》へ行《い》くよ！
ブゥゥゥン

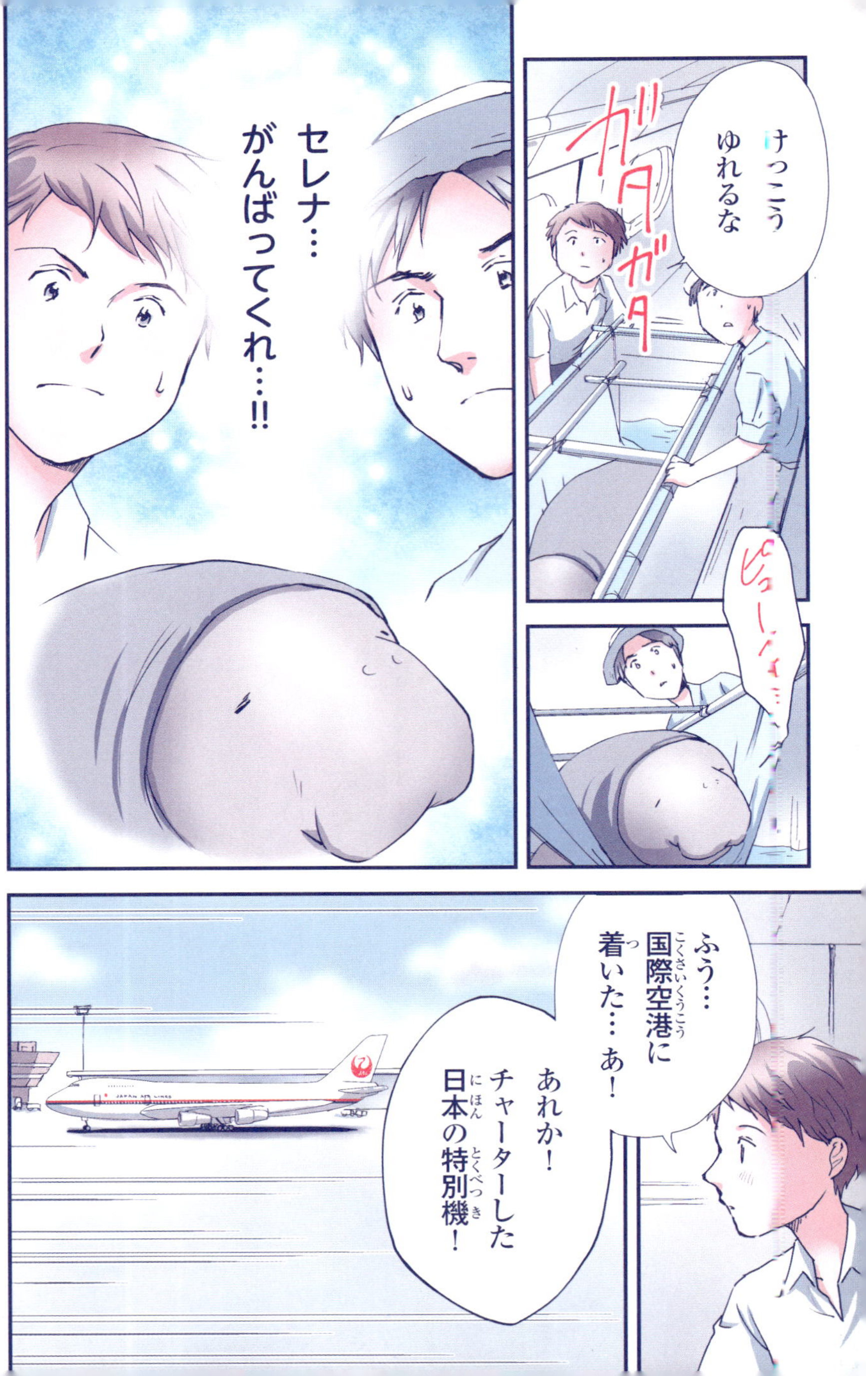
けっこう
ゆれるな
ガタガタ
セレナ…
がんばってくれ…!!
ふう…
国際空港《こくさいくうこう》に
着《つ》いた…あ!
あれか!
チャーターした
日本《にほん》の特別機《とくべつき》!
JAPAN AIR LINES

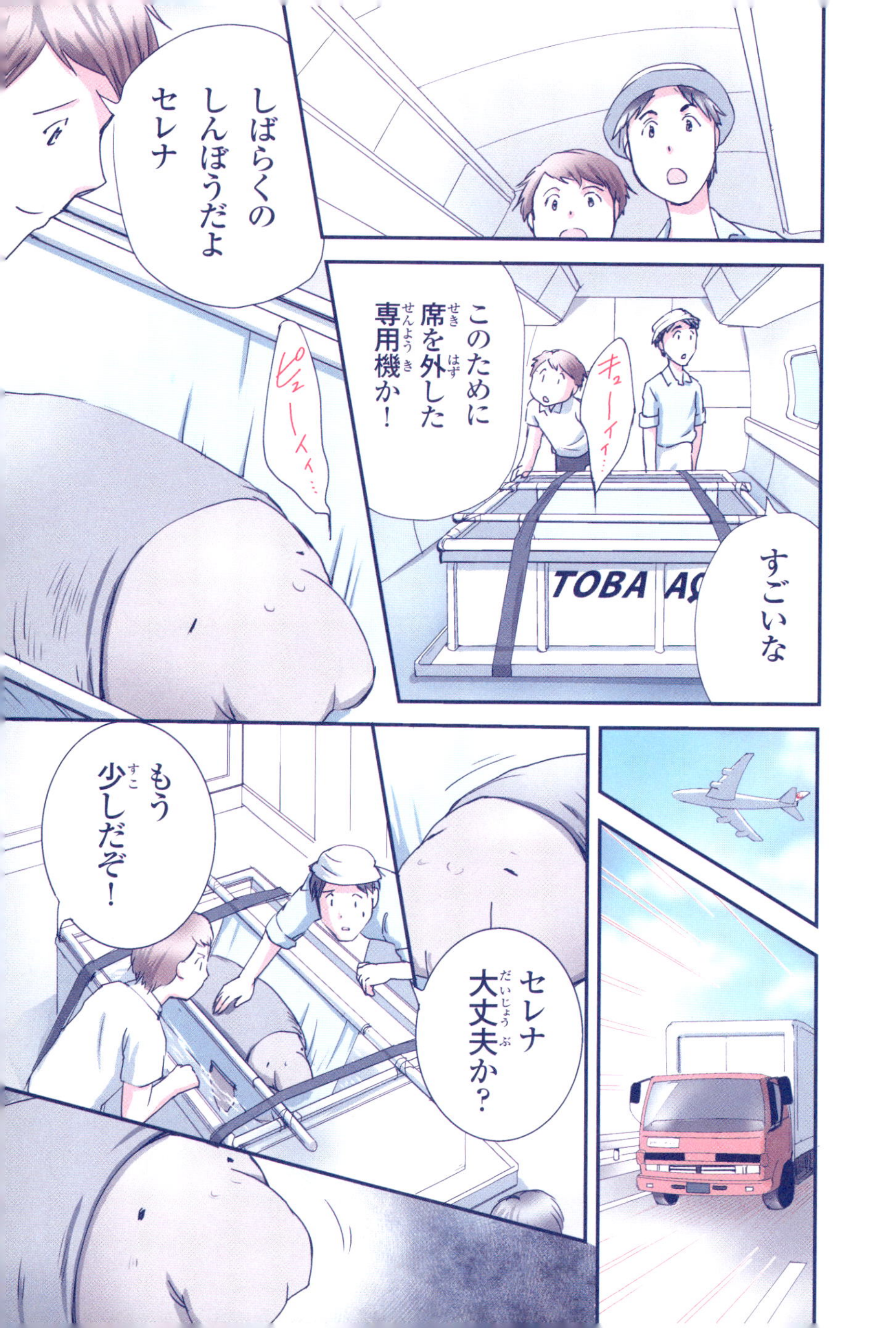
しばらくの
しんぼうだよ
セレナ
すごいな
TOBA
キューイィ…
このために
席《せき》を外《はず》した
専用機《せんようき》か！
ピューイィ…
セレナ
大丈夫《だいじょうぶ》か？
もう
少《すこ》しだぞ！

オレたちがついてるからな――
文部省指定
鳥羽水族館
どうだ――…？
無事《ぶじ》になれてくれるといいんだが…

数十分後《すうじゅっぷんご》――
ザパーッ!
もう安心《あんしん》だな!
いつものセレナだ!!
そろそろ上《あ》がるか
だな
若井《わかい》! 後《うし》ろ…

セレナ!!
お前《まえ》は一緒《いっしょ》に上《あ》がれないよ～
生《い》きようとするセレナとそれを全力《ぜんりょく》で守《まも》った人《ひと》たちが起《お》こしたキセキ――
あれから30年《ねん》…セレナは今日《きょう》も鳥羽水族館《とばすいぞくかん》で元気《げんき》に泳《およ》いでいます

どうぶつたちのミラクル☆

プロポーズ大作戦《だいさくせん》！

人間《にんげん》から見《み》ると、ちょっと変《か》わったどうぶつたちの「プロポーズ」。
相手《あいて》に好《す》きになってもらうために、
あの手《て》この手《て》で愛《あい》を伝《つた》えます。
そんなどうぶつたちの個性豊《こせいゆた》かな
プロポーズを紹介《しょうかい》します。

第《だい》4話《わ》
鳥《とり》の求《きゅう》愛《あい》物《もの》語《がたり》

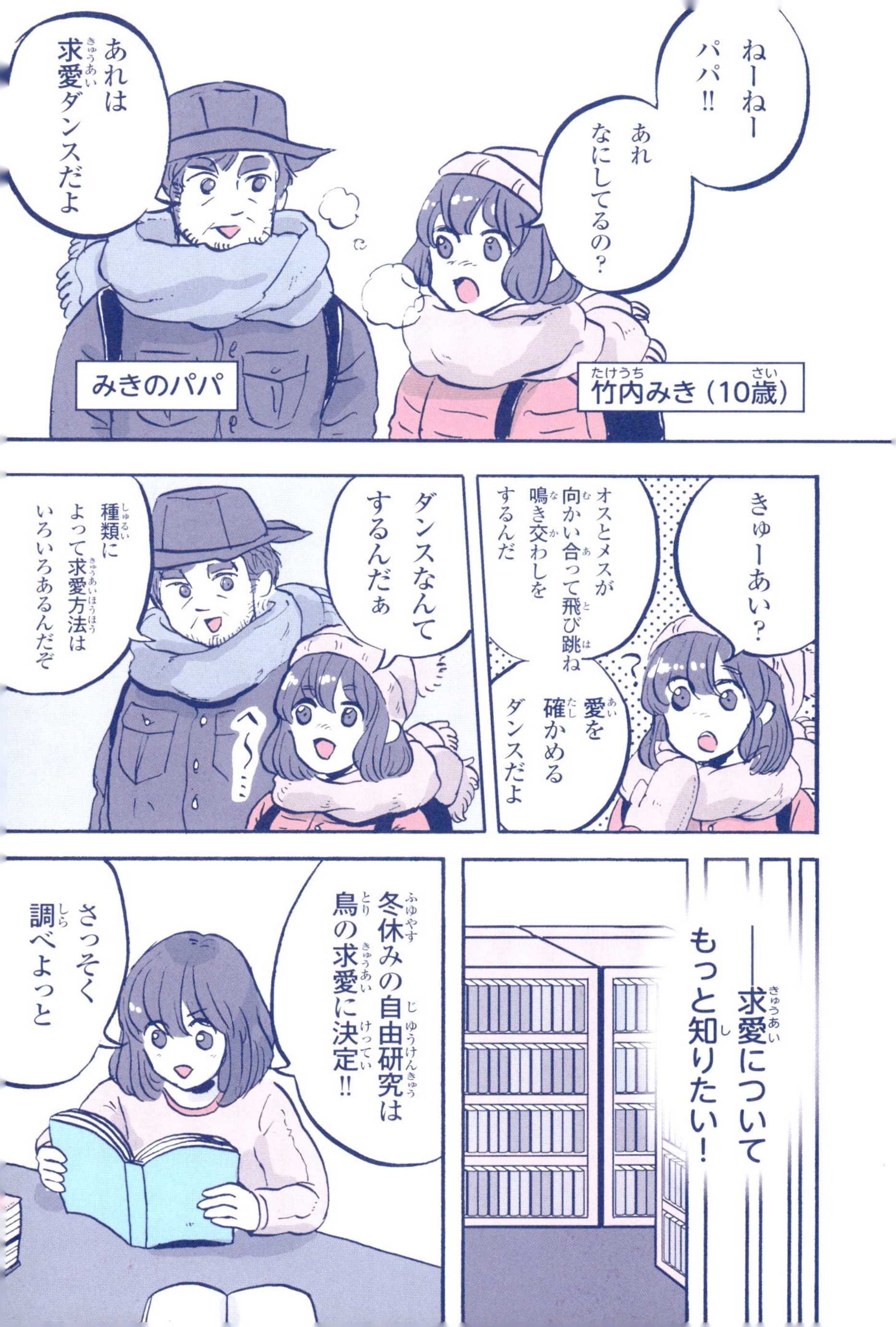
ねーねー パパ!! あれ なにしてるの？
あれは求愛《きゅうあい》ダンスだよ
竹内《たけうち》みき（10歳《さい》）
みきのパパ
きゅーあい？
オスとメスが向《む》かい合《あ》って飛《と》び跳《は》ね鳴《な》き交《か》わしをするんだ
愛《あい》を確《たし》かめるダンスだよ
ダンスなんてするんだぁ
へ〜…
種類《しゅるい》によって求愛方法《きゅうあいほうほう》はいろいろあるんだぞ
──求愛《きゅうあい》についてもっと知《し》りたい！
冬休《ふゆやす》みの自由研究《じゆうけんきゅう》は鳥《とり》の求愛《きゅうあい》に決定《けってい》!!
さっそく調《しら》べよっと

美《うつく》しい羽《はね》より鳴《な》き声勝負《ごえしょうぶ》!?
クジャク!
クジャクのオスがもつ飾《かざ》り羽《ばね》はきらびやかで美《うつく》しく——
羽《はね》をゆらす求愛《きゅうあい》ダンスがきらびやかなオスほどメスに人気《にんき》
きれいだからメスだと思《おも》ってた!
しかし近年《きんねん》 オスを選《えら》ぶポイントが 別《べつ》にあることがわかってきた
オレの羽《はね》きれいだろ?
私《わたし》見《み》た目《め》だけで選《えら》んだりしないの
「ケオーン・カー」の鳴《な》き声《ごえ》が続《つづ》くほどメスにモテるのだという
…
ケオーンカー
ステキ!!
ケオーンカー

羽《はね》をバサッと広《ひろ》げ舞《ま》い踊《おど》る
コウロコフウチョウ
コウロコフウチョウはオスがまんまるに羽《はね》を広《ひろ》げてウェイティングポーズをとる
のどにある青《あお》い羽《はね》がよく見《み》えるようにするのがポイントだ
おもしろいポーズ！
オスは羽《はね》を素早《すばや》く顔《かお》の前《まえ》にもってきて音《おと》を立《た》てながら求愛《きゅうあい》ダンスをする
バサッ
バサッ
スピードを加速《かそく》させて接近《せっきん》し最後《さいご》は翼《つばさ》でメスを囲《かこ》うメスが応《おう》じたらカップル成立《せいりつ》だ
結婚《けっこん》してください
はい♡
ダンスの上手《うま》いオスがモテるのだ

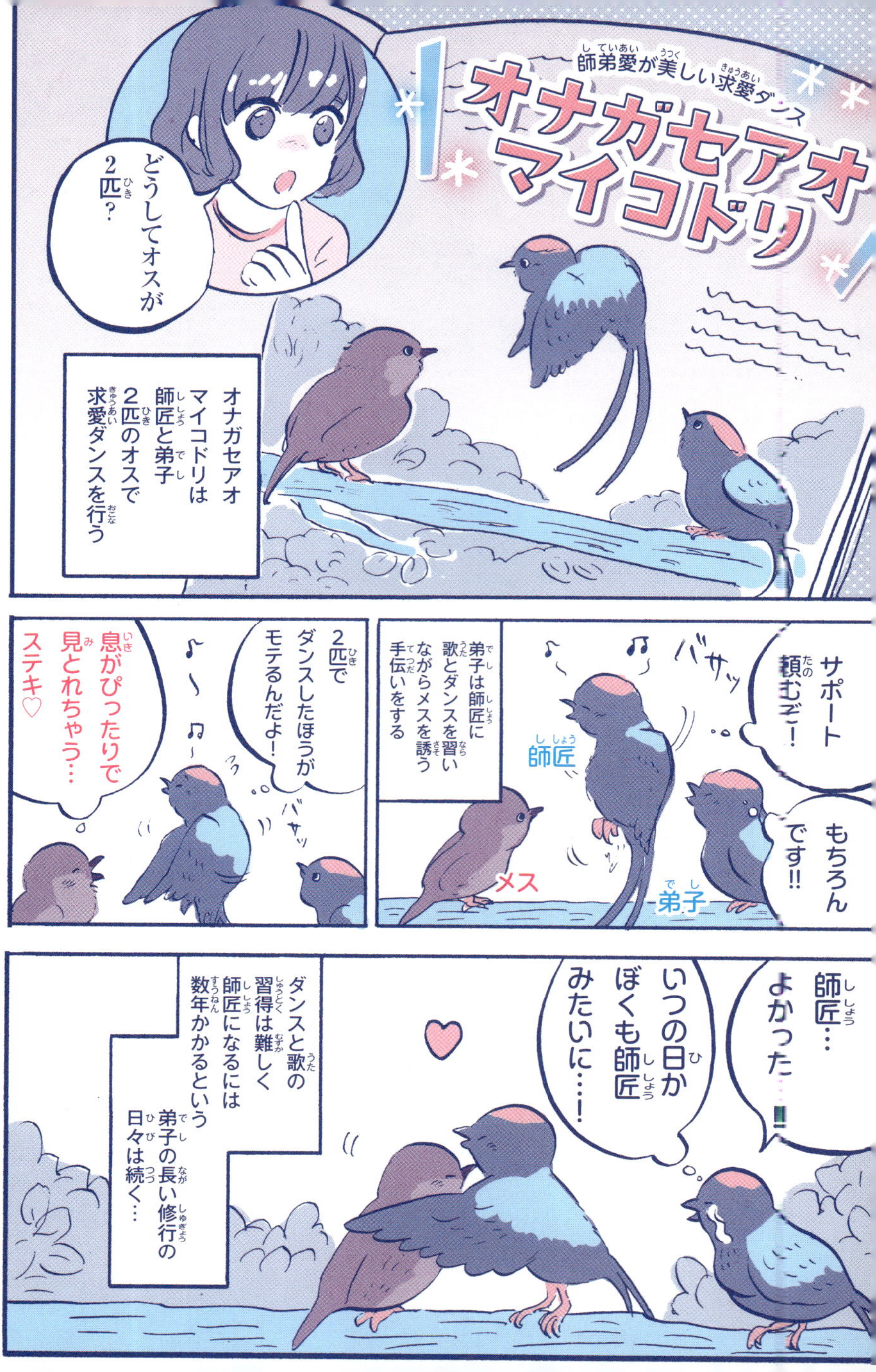
師弟愛《していあい》が美《うつく》しい求愛《きゅうあい》ダンス
オナガセアオマイコドリ
どうしてオスが2匹《ひき》？
オナガセアオマイコドリは師匠《ししょう》と弟子《でし》2匹《ひき》のオスで求愛《きゅうあい》ダンスを行《おこな》う
サポート頼《たの》むぞ！
バサッ
もちろんです!!
弟子《でし》は師匠《ししょう》に歌《うた》とダンスを習《なら》いながらメスを誘《さそ》う手伝《てつだ》いをする
師匠《ししょう》
メス
弟子《でし》
2匹《ひき》でダンスしたほうがモテるんだよ！
バサッ
息《いき》がぴったりで見《み》とれちゃう…ステキ♡
師匠《ししょう》…よかった…!!
いつの日《ひ》かぼくも師匠《ししょう》みたいに…!
ダンスと歌《うた》の習得《しゅうとく》は難《むずか》しく師匠《ししょう》になるには数年《すうねん》かかるという
弟子《でし》の長《なが》い修行《しゅぎょう》の日々《ひび》は続《つづ》く…

鳥《とり》って
いいなぁ～
ぽわわん
ほかには…
「家《いえ》を飾《かざ》る求愛《きゅうあい》」？
どういうことだろ…
オオニワシドリは求愛《きゅうあい》のために「東屋《あずまや》」と呼《よ》ばれる手《て》のこんだ家《いえ》を作《つく》る
かれ木《き》を立《た》てて通路《つうろ》を作《つく》ったら
白《しろ》い小石《こいし》や貝《かい》がらを集《あつ》めて地面《じめん》を飾《かざ》りつける
せっせ
ここが大事《だいじ》なポイント!!

なかなか女《おんな》の子《こ》来《こ》ないな…
こんなにステキな家《いえ》なのに
ここの配置《はいち》もうちょっと変《か》えてみよう…
あと3センチ左《ひだり》に…
どこまでも自分《じぶん》の美学《びがく》を追求《ついきゅう》するこだわり屋《や》さんなのだ
同《おな》じように巣《す》を飾《かざ》って求愛《きゅうあい》をする鳥《とり》がアオアズマヤドリだ
あっ!! あれは…
大好《だいす》きな青《あお》がいっぱいのステキなお家《うち》♡
青《あお》い色《いろ》が大好《だいす》きなメスのためにオスはヒモやインコの羽《はね》など青《あお》い物《もの》で巣《す》を飾《かざ》りつける

…と思《おも》ったけど
こっちにもっと青《あお》いお家《うち》発見《はっけん》～!!
青《あお》いよ青《あお》いよ～
より青《あお》いものを集《あつ》めたオスがモテるのだ
ステキー!!
よーし!
自由研究《じゆうけんきゅう》にまとめるぞー!!

できたー!!
あとは発表《はっぴょう》するだけ!
では竹内《たけうち》さん
はいっ!!
鳥《とり》の求愛《きゅうあい》について——

つぎのページから、いろいろな
どうぶつおもしろプロポーズを紹介《しょうかい》するよ!

どうぶつおもしろプロポーズ 第《だい》5〜12話《わ》

ゴリラ

メスが先《さき》にアプローチ!

ゴリラのメスはさりげなくオスにアピールする
つん
つっ
え〜〜いまのなに!?
もしかしてオレのこと好《す》きなの!?
ワッ
ドキ
ドキ
オスは「恋鳴《こいな》き」で応《こた》えるが
ホロ… ホロホロ
ビクッ
その行動《こうどう》に驚《おどろ》いてメスが逃《に》げてしまうことも…
あっ…
ヒュ

びっくりしてメスが逃《に》げてしまったら、今度《こんど》はオスがアプローチ。メスが近寄《ちかよ》ってきてじっと目《め》を見《み》つめたら、OK《オーケー》のサイン。

ニホンザル

赤《あか》ければ赤《あか》いほど♡

キミとってもステキだね
ボクとつき合《あ》ってよ
オレが先《さき》
ボクだ
お尻《しり》見《み》せて
お尻《しり》
へ?
ハイ
じーっ
あなたのほうが赤《あか》いわね
すてき
赤《あか》い者《もの》が勝《か》ち

お尻《しり》が赤《あか》いということは、元気《げんき》な証拠《しょうこ》、強《つよ》さのあらわれ。赤《あか》ければ赤《あか》いほど強《つよ》いから、ボスザルのお尻《しり》はだれよりも真《ま》っ赤《あか》なんだ。

どうぶつによってプロポーズの方法《ほうほう》はさまざま。
けなげで一生懸命《いっしょうけんめい》なプロポーズを紹介《しょうかい》するよ!

ガラパゴスゾウガメ

求愛《きゅうあい》も命《いのち》がけ

大《おお》きな唸《うな》り声《ごえ》をあげて求愛《きゅうあい》するオス。じつは声《せい》帯《たい》がないので、呼吸《こきゅう》するときの音《おと》が声《こえ》の正体《しょうたい》。相当《そうとう》な体力《たいりょく》が必要《ひつよう》で、まさに命《いのち》がけのアピール。

ワニ

水《みず》の中《なか》のラブソング

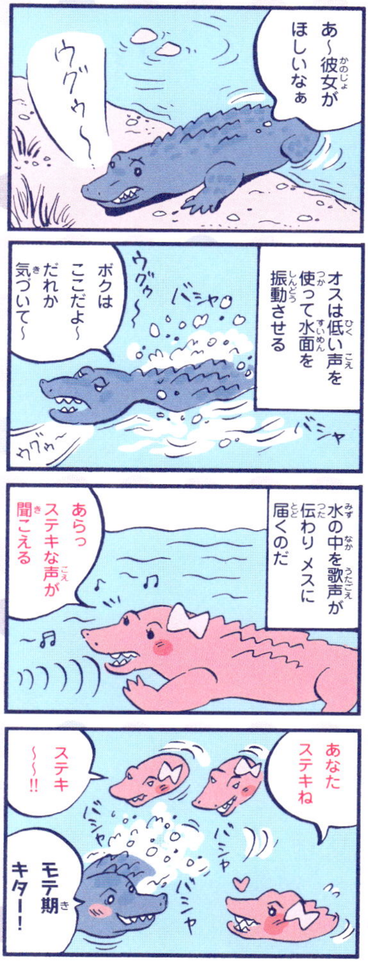

ワニが出《だ》す低周波《ていしゅうは》の声《こえ》が水《みず》に伝《つた》わり、水《みず》をバシャバシャ跳《は》ね上《あ》げる。まるで水《みず》が踊《おど》っているようなので、「レインダンス」と呼《よ》ばれることも。

アデリーペンギン

うばった石《いし》をプレゼント

オスは、巣作《すづく》りに必要《ひつよう》な小石《こいし》をメスにプレゼント。たとえ、ほかの巣《す》から盗《ぬす》んだものでもOK《オーケー》。そのたくましさも、モテポイントに。

ズキンアザラシ

勝負《しょうぶ》はコレで!!

オスは鼻《はな》をふくらませて、メスに自分《じぶん》の強《つよ》さを見《み》せつける。もし同《おな》じ大《おお》きさの場合《ばあい》は、鼻《はな》を赤《あか》い風船《ふうせん》のようにふくらませ、さらに競《きそ》い合《あ》うのだ。

クマノミ

性別《せいべつ》なんてカンケーない!

群《む》れのなかで一番大《いちばんおお》きいものがメスに、二番目《にばんめ》に大《おお》きいものがペアになるオスに。相手《あいて》や条件《じょうけん》に合《あ》わせて、オスメスどちらにもなれるのだ。

タツノオトシゴ

オスがにんしん!?

※子《こ》どもを育《そだ》てるための袋《ふくろ》

オスの袋《ふくろ》「育児《いくじ》のう」にメスは卵《たまご》を産《う》み、オスは卵《たまご》を育《そだ》てる。孵化《ふか》後《ご》もしばらくその袋《ふくろ》で育《そだ》てたのち、オスが子《こ》どもを“出産《しゅっさん》”するのだ。

第《だい》13話《わ》

ゆううつな飼《し》育《いく》体《たい》験《けん》

動《どう》物《ぶつ》園《えん》の飼《し》育《いく》体《たい》験《けん》をすることになった優《ゆう》菜《な》。しぶしぶ参《さん》加《か》すると…。

つながる扉《とびら》

夏休《なつやす》みに開催《かいさい》される動物園《どうぶつえん》の一日飼育体験教室《いちにちしいくたいけんきょうしつ》。お母《かあ》さんが勝手《かって》に申《もう》し込《こ》んだせいで、樋口優菜《ひぐちゆうな》は高学年《こうがくねん》コースに参加《さんか》することになった。

「知《し》らない子《こ》たちと活動《かつどう》するなんて、いやだよ」

優菜《ゆうな》が口《くち》をとがらせると、お母《かあ》さんはにっこり笑《わら》った。

「いい経験《けいけん》になるわよ」

お母《かあ》さんに言《い》いふくめられ、優菜《ゆうな》はしぶしぶ動物園《どうぶつえん》にやってきた。

ゲートを入《はい》ると、飼育員《しいくいん》さんが手《て》をあげた。

「飼育体験《しいくたいけん》をする人《ひと》は、こちらでーす！」

「同《おな》じチームになれるといいね」。

前《まえ》を行《い》く女《おんな》の子《こ》ふたりが、楽《たの》しそうに話《はな》している。

(みんな、友《とも》だちと参加《さんか》しているのかな。私《わたし》だけひとりだったら、どうしよう)

優菜《ゆうな》が事務室《じむしつ》に入《はい》ると、すでに十人《じゅうにん》ぐらいの子《こ》が席《せき》についていた。

受付《うけつけ》で名前《なまえ》をいうと、名札《なふだ》を渡《わた》され、くじを引《ひ》くように言《い》われた。引《ひ》いた紙《かみ》を広《ひろ》げると、「リスザル」とある。

「樋口《ひぐち》さんは、リスザルチームね」

リスザルチームと書《か》かれた席《せき》につくと、知《し》っている男子《だんし》が事務室《じむしつ》に入《はい》ってきた。

(あっ、松田《まつだ》くん)

優菜《ゆうな》は三年《さんねん》のとき、松田洋平《まつだようへい》と同《おな》じクラスだったが、あまり話《はな》したことがなかった。

くじを引《ひ》いた洋平《ようへい》が、優菜《ゆうな》のほうにやってきた。

「おはよう」

優菜《ゆうな》が声《こえ》をかけると、洋平《ようへい》がちらっと、優菜《ゆうな》を見《み》た。

「おはよう」

（よかった。ふつうに話《はな》せそう）

優菜《ゆうな》は、ほっとした。

「松田《まつだ》くんは、なにチーム？」

「リスザル」

「あたしと同《おな》じだ！」

よろこぶ優菜《ゆうな》とちがって、洋平《ようへい》は「あっそ」と冷《つめ》たく答《こた》えて、席《せき》についた。

（なんか、いやな感《かん》じ）

まもなく開校式《かいこうしき》がはじまった。今日《きょう》のスケジュールや注意事項《ちゅういじこう》の説明《せつめい》を聞《き》いたあと、チームにわかれて作業《さぎょう》を行《おこな》うことになった。

優菜《ゆうな》と洋平《ようへい》は長《なが》ぐつにはきかえると、飼育員《しいくいん》さんについてリスザルのバックヤードに入《はい》った。むわっと、けもののにおいに包《つつ》まれる。

「くさーい」
洋平《ようへい》がジロッと、にらむ。
優菜《ゆうな》は、鼻《はな》をおおっていた手《て》をはなした。
(くさいんだから、しかたないじゃない)
飼育員《しいくいん》さんは説明《せつめい》をはじめた。
「朝《あさ》、飼育員《しいくいん》は表《おもて》の動物舎《どうぶつしゃ》のそうじをした後《あと》、バックヤードから動物舎《どうぶつしゃ》に通《つう》じるとびらを開《あ》けて、リスザルを表《おもて》に送《おく》ります。それから、バックヤードをそうじして、夕方《ゆうがた》、またリスザルをバックヤードにもどします」
飼育員《しいくいん》さんが、ふたりにほうきを渡《わた》した。
「まずは、はきそうじから。飼育室《しいくしつ》を清潔《せいけつ》に保《たも》つのは、健康《けんこう》に関《かか》わる大事《だいじ》なことなの。それと、健康状態《けんこうじょうたい》を見《み》るため、フンをチェックします。水《みず》っぽかったり、白《しろ》っぽかったりしたら、病気《びょうき》の可能性《かのうせい》があるので、あとで獣医《じゅうい》さんに報告《ほうこく》するのよ」
はきそうじを終《お》えると、飼育員《しいくいん》さんは洋平《ようへい》にデッキブラシを渡《わた》し、ホースで水《みず》を流《なが》す。

「指《ゆび》でホースの口《くち》を押《お》さえて、水《みず》の出《で》る勢《いきお》いを調節《ちょうせつ》します。勢《いきお》いよく出《だ》すと、こびりついたフンも流《なが》せて、そうじの効率《こうりつ》が上《あ》がるわよ」
飼育員《しいくいん》さんからホースを渡《わた》されてまねしてみたが、自分《じぶん》の顔《かお》に水《みず》をかけてしまった。
「きゃあっ」
さわぐ優菜《ゆうな》の横《よこ》で、洋平《ようへい》はもくもくと、デッキブラシで床《ゆか》をこすった。
「とれないフンは、このヘラでけずり落《お》としてね」
飼育員《しいくいん》さんにヘラを渡《わた》されて、優菜《ゆうな》はとまどった。
（フンに近《ちか》づくの、いやだなあ）
洋平《ようへい》が、優菜《ゆうな》にデッキブラシを差《さ》しだした。
「ヘラ、貸《か》して」
優菜《ゆうな》はデッキブラシを受《う》けとって、ヘラを渡《わた》した。
洋平《ようへい》がしゃがんで、フンをけずりだす。優菜《ゆうな》は、デッキブラシを動《うご》かした。

そうじが終《お》わると、優菜《ゆうな》たちはリスザル舎《しゃ》の前《まえ》に行《い》った。

「わあ、かわいい」

25～30センチとリスぐらいの大《おお》きさのサルたちが、枝《えだ》の上《うえ》をのぼったり、ケージをのぼったりして、ちょこちょこ動《うご》いている。頭《あたま》からおしりにかけて黄色《きいろ》みを帯《お》びた灰色《はいいろ》の毛《け》、顔《かお》と胸元《むなもと》は白《しろ》いけど、口《くち》まわりが黒《くろ》くて、マスクをしているように見《み》える。

優菜《ゆうな》と洋平《ようへい》は飼育員《しいくいん》さんの説明《せつめい》を聞《き》きながら、リスザルを観察《かんさつ》してメモをとった。

リスザルは、中央《ちゅうおう》アメリカや南《みなみ》アメリカの山《やま》の上《うえ》や、川辺《かわべ》の林《はやし》、ジャングルなどに、群《む》れでくらしている。

野生《やせい》のリスザルは、木《き》の実《み》や花《はな》、芽《め》、葉《は》、小《ちい》さな虫《むし》を食《た》べている。

動物園《どうぶつえん》では、リンゴ、ブドウ、キャベツ、ニンジン、バナナ、ふかしいも、ヒマワリの種《たね》。それに、足《た》りない栄養《えいよう》を補《おぎな》うためのペレット、カルシウムをとるためのにぼし、タンパク質《しつ》としてゆでタマゴ、昆虫《こんちゅう》のイナゴなどを与《あた》えているという。

「野生《やせい》のどうぶつが食《た》べているものを参考《さんこう》にして、動物園《どうぶつえん》であげるものを考《かんが》えるのよ」

飼育員《しいくいん》さんは優菜《ゆうな》と洋平《ようへい》を調理室《ちょうりしつ》に案内《あんない》し、午前中《ごぜんちゅう》に与《あた》える食事《しょくじ》の準備《じゅんび》をはじめた。

くだものをサイコロ状《じょう》に切《き》り、ペレットやにぼし、ゆでタマゴをトレーに入《い》れる。

動物舎《どうぶつしゃ》に入《はい》って床《ゆか》にトレーを置《お》くと、リスザルがわらわらと集《あつ》まってきた。

「くだものばかり食《た》べてるな。好《す》き嫌《きら》いしないで、バランスよく食《た》べるんだぞ」

洋平《ようへい》の横顔《よこがお》に、優菜《ゆうな》の胸《むね》がトクッと高鳴《たかな》る。

（松田《まつだ》くんは、ホントにどうぶつが好《す》きなんだな）

昼休《ひるやす》み、優菜《ゆうな》は事務室《じむしつ》でお弁当《べんとう》を食《た》べながら、洋平《ようへい》に聞《き》いた。

「松田《まつだ》くんは、なんでこの教室《きょうしつ》に参加《さんか》したの？」

洋平《ようへい》は、口《くち》に入《はい》っていたものを飲《の》みこむと、言葉《ことば》を選《えら》ぶようにゆっくり話《はな》しだした。

「テレビで、絶滅危惧種《ぜつめつきぐしゅ》の話《はなし》をやっていたんだ。当《あ》たり前《まえ》にいると思《おも》っていたカバとかゴリラとかが絶滅《ぜつめつ》しそうなんだって。あと、ライオンも」

「えっ、そうなの？」

「ライオンって無敵《むてき》で、どうぶつのなかで最後《さいご》まで生《い》きのこりそうな気《き》がしない？　だけど、人間《にんげん》に殺《ころ》されたり、住《す》む場所《ばしょ》をうばわれたりして、生《い》きていけなくなっているんだって。じゃあ、どうすりゃいいんだよって思《おも》ったとき、動物園《どうぶつえん》の役目《やくめ》っていうのを知《し》ったんだ。動物園《どうぶつえん》は、どうぶつのからだのしくみや生活《せいかつ》について調《しら》べて、野生《やせい》で少《すく》なくなっているどうぶつを守《まも》ったり、増《ふ》やしたりしているんだって」

「動物園《どうぶつえん》って、みんながどうぶつを見《み》て楽《たの》しむところじゃないの？」

「うん、それもある。楽《たの》しんで、好《す》きになって、ついでにどうぶつについて知《し》ることができれば、いいよな。知《し》らないと、なにも思《おも》わないで、ひどいことができる気《き》がする」

優菜《ゆうな》は、ぽかんと口《くち》を開《あ》けた。

（そんなこと、思《おも》ってもみなかった。でも、松田《まつだ》くんのいうとおりかも。知《し》らないと、

自分《じぶん》のしていることがどうぶつのめいわくになっていても、気《き》がつかないだろうな)

「そういう樋口《ひぐち》は、なんで参加《さんか》したの?」

優菜《ゆうな》の顔《かお》がかあっと、熱《あつ》くなった。お母《かあ》さんに言《い》われて、しぶしぶ参加《さんか》したなんて、言《い》えるわけがない。

「私《わたし》は、えっと、なんとなく……」

洋平《ようへい》がほほえんだ。

「なんとなくでも、いいと思《おも》うよ。やってみたら、なにかわかることがあるだろうし」

洋平《ようへい》の言葉《ことば》に、優菜《ゆうな》は救《すく》われたような気《き》がした。

(もっとどうぶつのことを知《し》って、帰《かえ》ろう)

午後《ごご》は、獣医《じゅうい》さんと話《はなし》をした。

「リスザルの様子《ようす》はどうですか?」

獣医《じゅうい》さんの質問《しつもん》に、洋平《ようへい》が答《こた》えた。

「フンの状態《じょうたい》はよかったです。エサは最初《さいしょ》はくだものばかり食《た》べていたけど、くだものがなくなってから、ほかのものも食《た》べていました」
「それなら、問題《もんだい》ないですね。どうぶつによっては弱《よわ》っているすがたを見《み》せると、ほかのどうぶつにねらわれるので、元気《げんき》なふりをしたりするんです。だから、見《み》た目《め》だけでなく、エサの食《た》べぐあいやフンをチェックするのが大事《だいじ》なんですよ」
「人間《にんげん》みたいに健康診断《けんこうしんだん》とか、するんですか？」
「大型《おおがた》のどうぶつはむずかしいけれど、できるどうぶつは毎日体重《まいにちたいじゅう》をはかったり、体温《たいおん》をはかったりします。体重《たいじゅう》が減《へ》るのは、病気《びょうき》やストレスが原因《げんいん》の場合《ばあい》が多《おお》いんです。あとは、歩《ある》き方《かた》など、いつもとちがうところがないか、よく観察《かんさつ》することです」
「いつもと、ちがうところ……」
洋平《ようへい》がつぶやくと、獣医《じゅうい》さんがうなずいた。
「ちがいに気《き》がつけば、病気《びょうき》が軽《かる》いうちに治療《ちりょう》できますからね」
「どうぶつを守《まも》るには、特別《とくべつ》な研究《けんきゅう》や調査《ちょうさ》がいるんだと思《おも》っていたけど、毎日《まいにち》の観察《かんさつ》と世話《せわ》が大事《だいじ》なんだ」

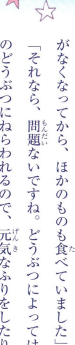

「もちろん、研究《けんきゅう》や調査《ちょうさ》も大事《だいじ》です。動物園《どうぶつえん》で飼育《しいく》されているどうぶつも、生態《せいたい》がよくわかっていないものが多《おお》くいます。生態《せいたい》がわからないと、少《すく》なくなっているどうぶつを増《ふ》やす方法《ほうほう》もわからないでしょう？」

洋平《ようへい》が「そっか」と、深《ふか》くうなずいた。

※※※※※※※

動物園《どうぶつえん》からの帰《かえ》り、優菜《ゆうな》が歩《ある》いていると、洋平《ようへい》が自転車《じてんしゃ》で追《お》いぬいた。

「今日《きょう》、楽《たの》しかったな。なんか、いろんなことがわかって、よかったよ」

「うん。少《すく》ないどうぶつが動物園《どうぶつえん》で生《う》まれて育《そだ》つと、『キセキ』とかいわれたりするけど、そうじゃないね。きっと、飼育員《しいくいん》さんの毎日《まいにち》の努力《どりょく》があるからなんだろうね」

洋平《ようへい》が、うれしそうに笑《わら》った。

「いいこと言《い》うな。樋口《ひぐち》、また一緒《いっしょ》に動物園《どうぶつえん》に行《い》こうな」

優菜《ゆうな》は「えっ」と驚《おどろ》いたが、はっきり答《こた》えた。

「うん。行《い》く。絶対《ぜったい》に行《い》く！」

第《だい》14話《わ》

希望《きぼう》の扉《とびら》 ぼくにできること

どうぶつの健康《けんこう》のために努力《どりょく》する油家《あぶらや》さん。その方法《ほうほう》とは…？

さっちゃん…
もっと何《なに》か
できなかったん
だろうか…
どうぶつは病気《びょうき》に
なっても
人間《にんげん》に教《おし》えては
くれない…
それどころか
かくしてしまう
なぜなら野生《やせい》では
肉食動物《にくしょくどうぶつ》に
病気《びょうき》であることを
気《き》づかれると
おそわれて
死《し》んでしまうからだ

だから毎日《まいにち》健康管理《けんこうかんり》をして
いつもと変《か》わったことがないかをチェックする必要《ひつよう》があるのだが…
それさえ難《むずか》しいのが現実《げんじつ》だ
なぜかというと健康管理《けんこうかんり》のために絶対《ぜったい》に必要《ひつよう》な
体重測定《たいじゅうそくてい》と採血《さいけつ》がかんたんにできないから…
犬《いぬ》やネコのような小《ちい》さなどうぶつなら
人間《にんげん》が抱《かか》えて調《しら》べることができる

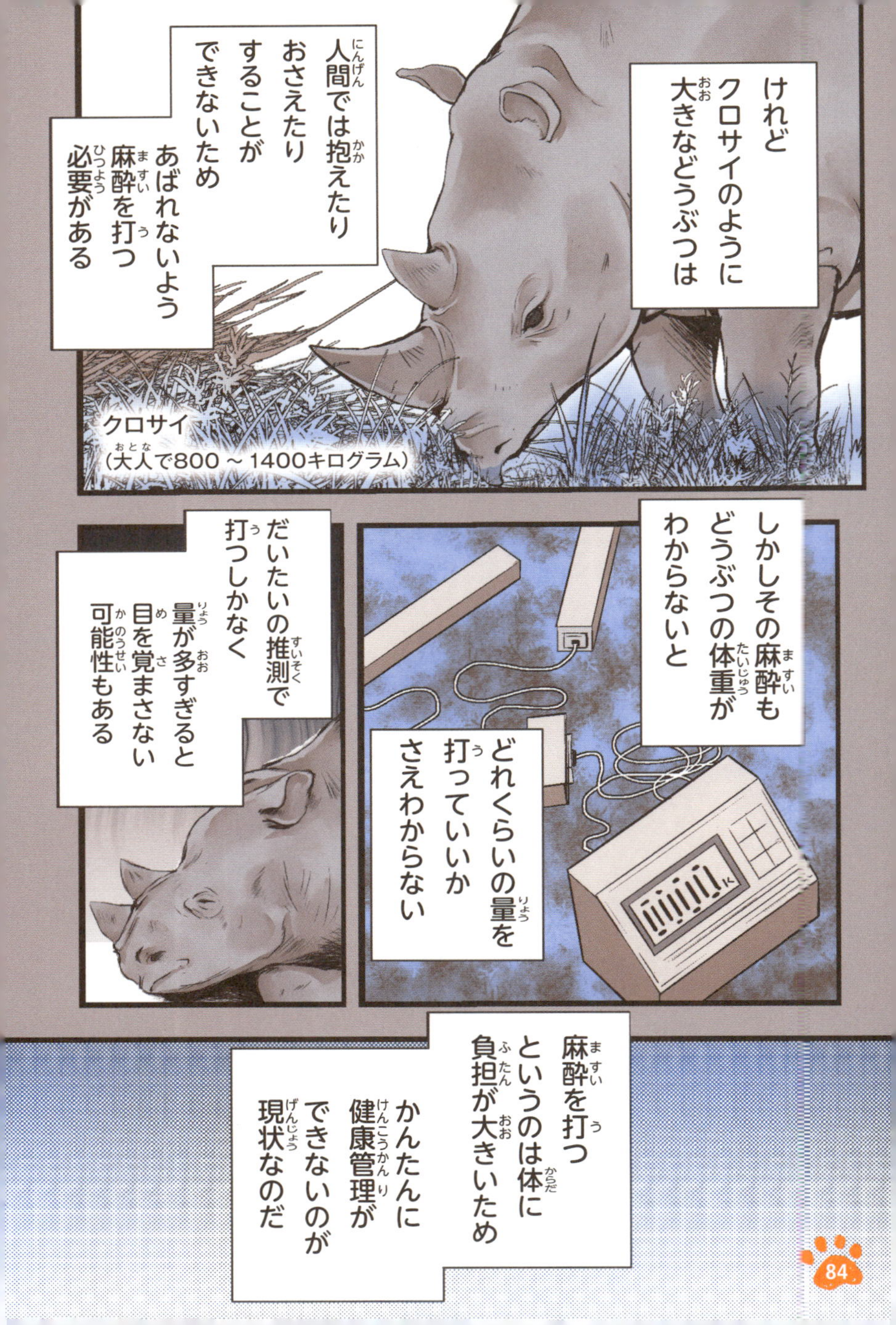
けれど
クロサイのように
大《おお》きなどうぶつは
人間《にんげん》では抱《かか》えたり
おさえたり
することが
できないため
あばれないよう
麻酔《ますい》を打《う》つ
必要《ひつよう》がある
クロサイ
（大人《おとな》で800 ～ 1400キログラム）
しかしその麻酔《ますい》も
どうぶつの体重《たいじゅう》が
わからないと
どれくらいの量《りょう》を
打《う》っていいか
さえわからない
だいたいの推測《すいそく》で
打《う》つしかなく
量《りょう》が多《おお》すぎると
目《め》を覚《さ》まさない
可能性《かのうせい》もある
麻酔《ますい》を打《う》つ
というのは体《からだ》に
負担《ふたん》が大《おお》きいため
かんたんに
健康管理《けんこうかんり》が
できないのが
現状《げんじょう》なのだ

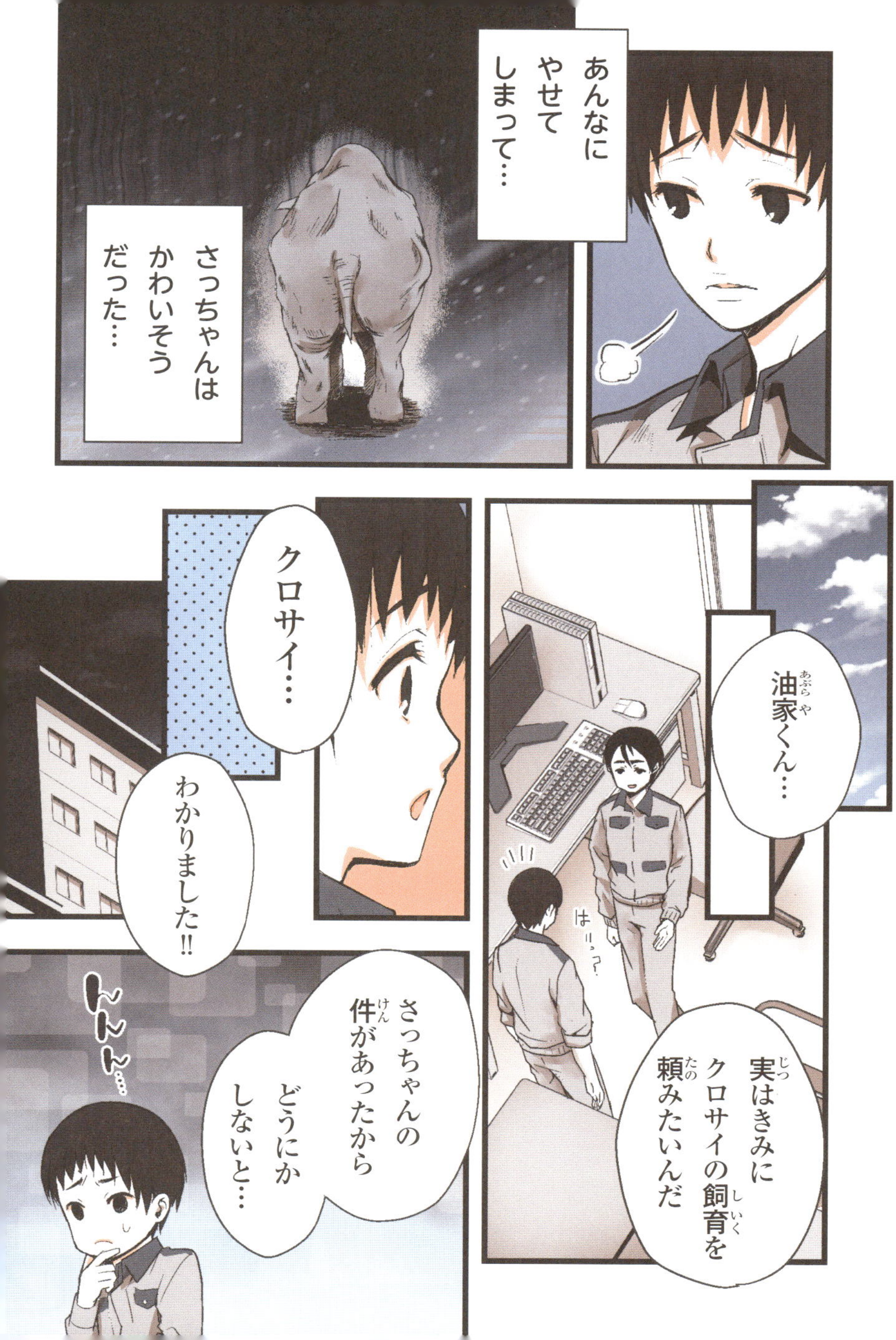
あんなにやせてしまって…
さっちゃんはかわいそうだった…
油家《あぶらや》くん…
実《じつ》はきみにクロサイの飼育《しいく》を頼《たの》みたいんだ
は!?
クロサイ…
わかりました!!
さっちゃんの件《けん》があったからどうにかしないと…
んんん…

採血《さいけつ》ができれば…
はっ
そうだ…
キリンで取《と》り入《い》れていたあの方法《ほうほう》なら…
クロサイでできるかどうかわからないけどやってみる価値《かち》はある

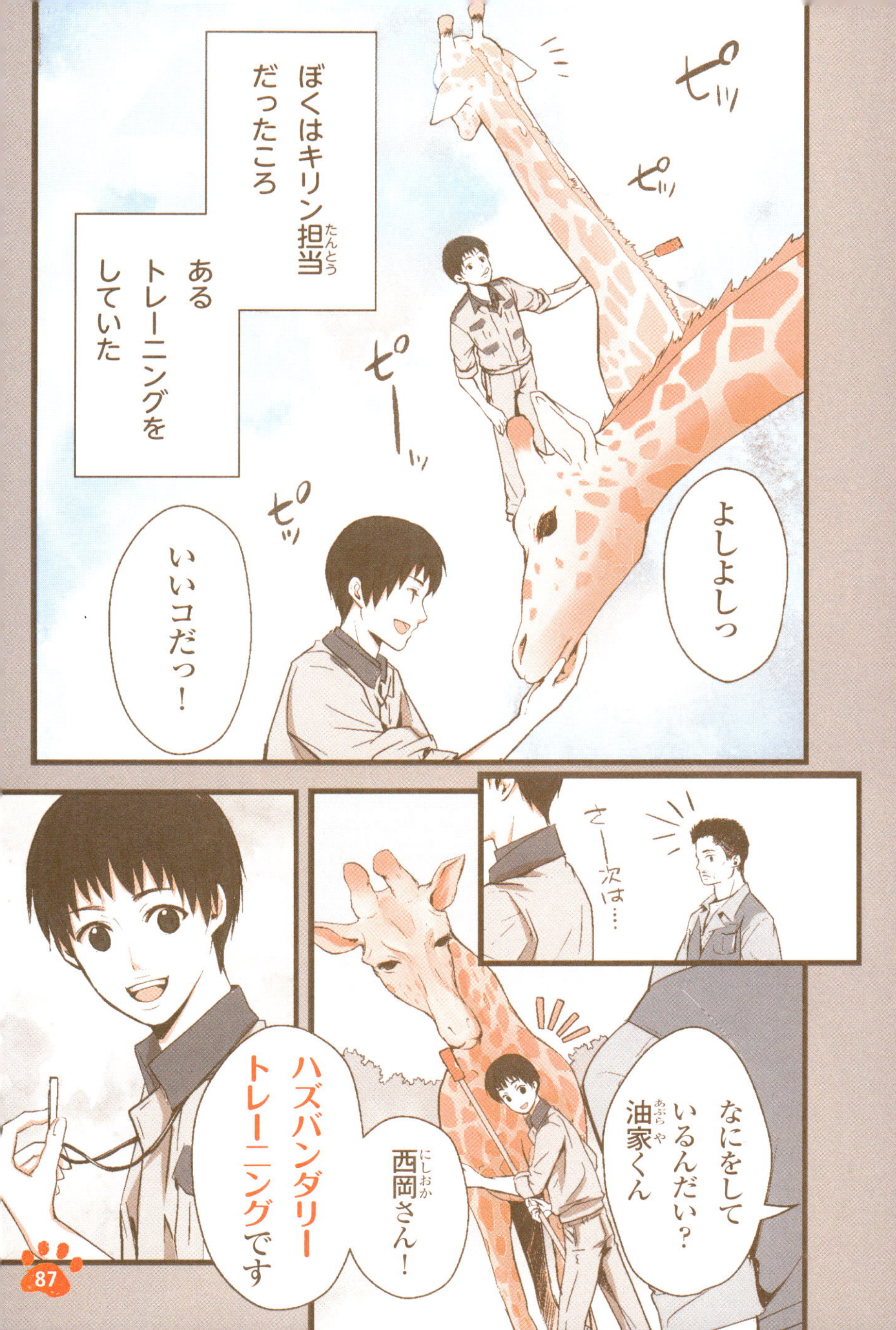
ぼくはキリン担当《たんとう》だったころ
あるトレーニングをしていた
ピッ
ピッ
ピーーッ
ピッ
よしよしっ
いいコだっ!
さー次は……
なにをしているんだい?
油家《あぶらや》くん
西岡《にしおか》さん!
ハズバンダリートレーニングです

ハズバンダリートレーニング…？
ハズバンダリートレーニングというのは世話《せわ》しやすいように行《おこな》うしつけみたいなものです
へ〜〜っ
こんな風《ふう》に
スーッ
チョン
おおおっ
どうぶつの訓練《くんれん》にもいろいろ方法《ほうほう》がありますよね
たとえば悪《わる》いことをしたらしかる
コラッ
しょんぼり
く〜ん…
そうするとどうぶつは嫌《いや》なことはされたくないから言《い》うことをきくようになる

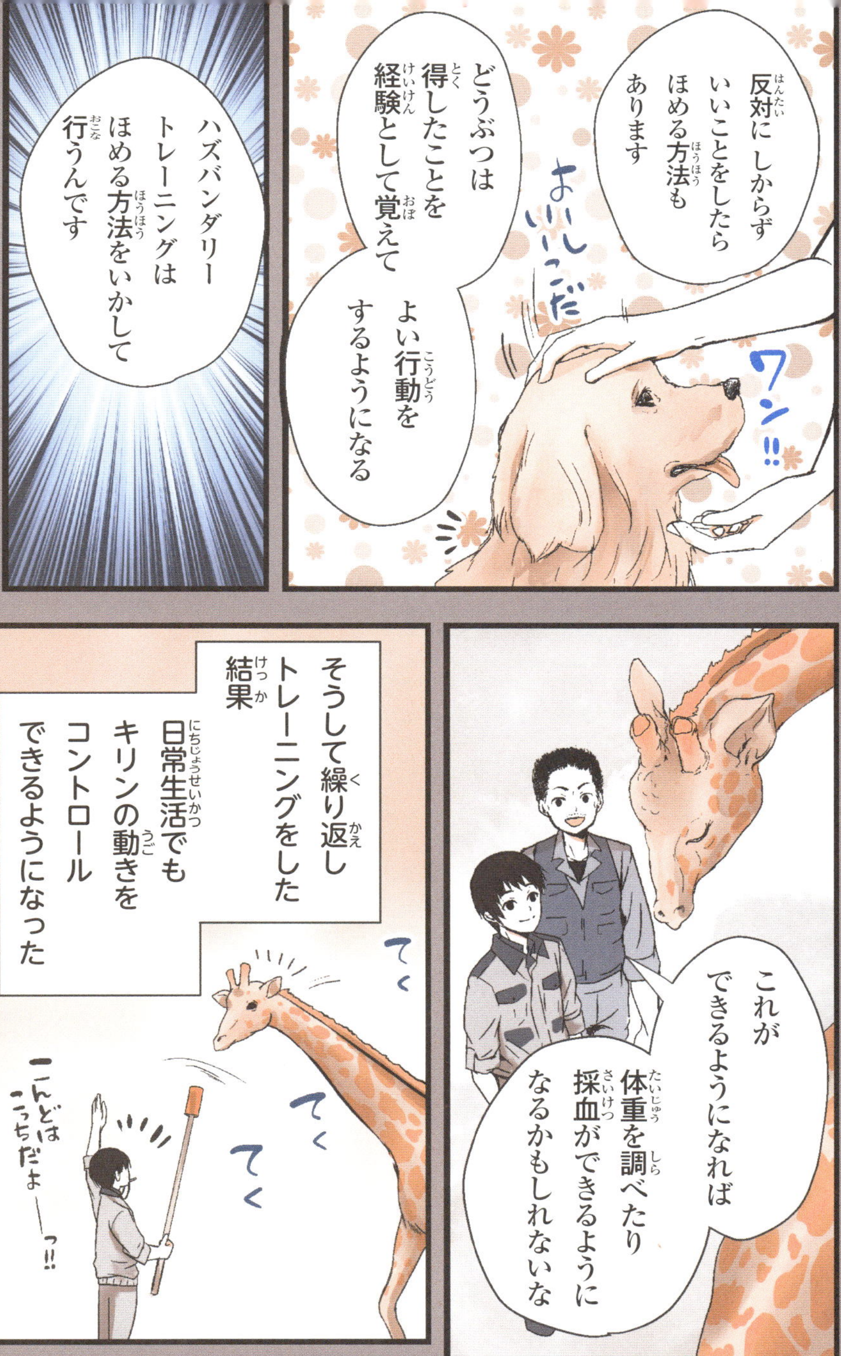
反対《はんたい》に しからず
いいことをしたら
ほめる方法《ほうほう》も
あります
よし
いいこだ
ワン!!
どうぶつは
得《とく》したことを
経験《けいけん》として覚《おぼ》えて
よい行動《こうどう》を
するようになる
ハズバンダリー
トレーニングは
ほめる方法《ほうほう》をいかして
行《おこな》うんです
これが
できるようになれば
体重《たいじゅう》を調《しら》べたり
採血《さいけつ》ができるように
なるかもしれないな
そうして繰《く》り返《かえ》し
トレーニングをした
結果《けっか》
日常生活《にちじょうせいかつ》でも
キリンの動《うご》きを
コントロール
できるようになった
てく
てく
てく
こんどは
こっちだよ——っ!!

クロサイ担当《たんとう》初日《しょにち》――
今日《きょう》からよろしくな
トミー!!
ピクッ
間近《まぢか》で見《み》るとすごい迫力《はくりょく》だ…
まぁでもまずは…
スクッ

訓練《くんれん》を楽《たの》しんで
もらえるように
しないと……
？
トミー
これはなーんだ
じーっ
のそ
のそ
のそ
よーし
トミー
いいコだね!!
パクッ
トミー
ブン
ブン
これに
触《さわ》ってごらん

ちょんっ
よしよし
すごいぞ！
今度《こんど》はこっちだよーっ
ブン
のそ
ブン
ブン
のそ
いいぞ
いいぞぉ！
のそ
別《べつ》の日《ひ》
ピッ
ピ
ほらっトミー!!
耳《みみ》をさわるよ

ぷいっ
あれー今日《きょう》はどうした?耳《みみ》タッチは?
のそ
のそ
のそ
できないからといって叱《しか》ったり罰《ばつ》を与《あた》えたりしてはいけない
その代《か》わりうまくできないとほめてもらえないし
ごほうびも もらえないということを覚《おぼ》えてもらわなくちゃいけない
今日《きょう》はやりたくないんだな…
じゃあ耳《みみ》はいいよ今日《きょう》できることをやろう
トミー!こっちにおいで

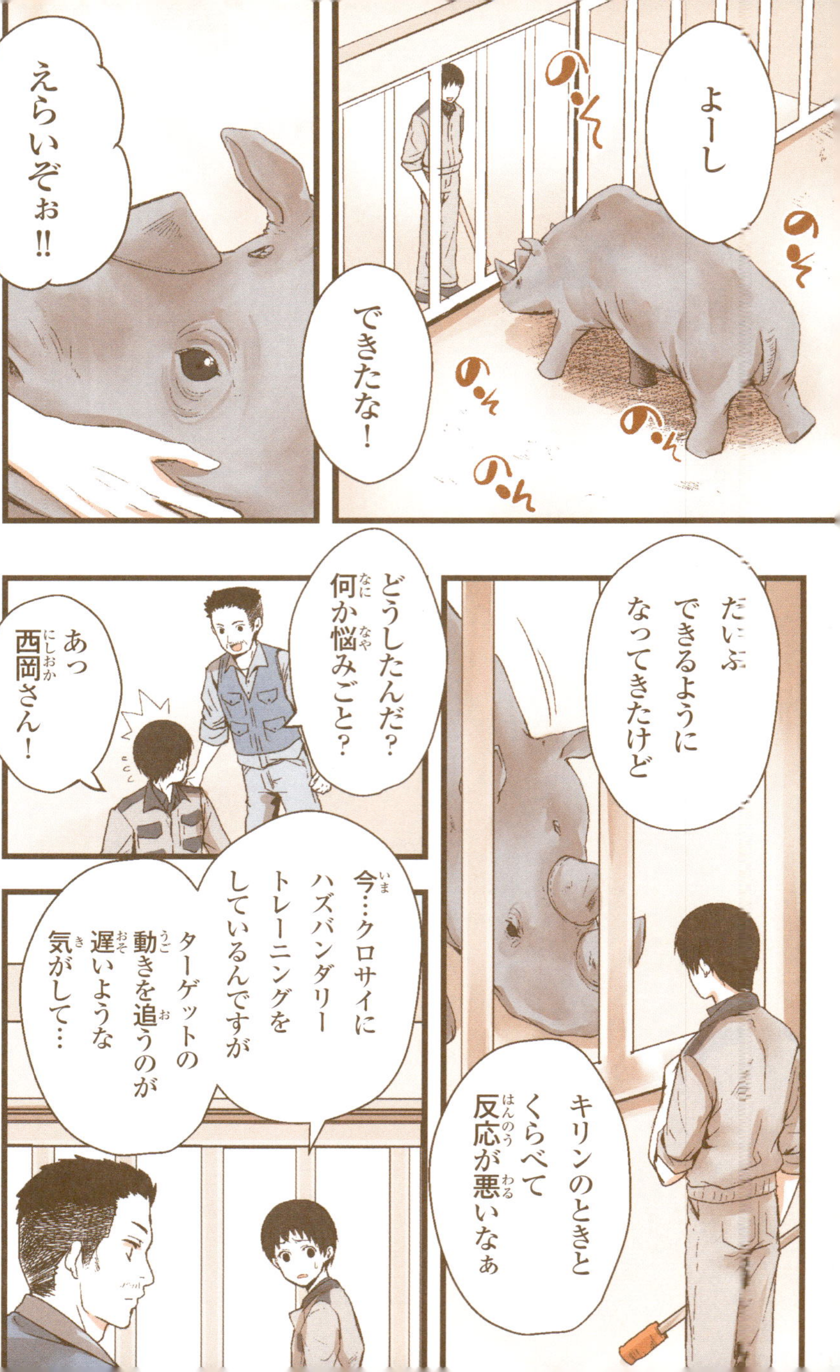
よーし
のそ
のそ
のそ
のそ
のそ
できたな！
えらいぞぉ!!
だいぶ
できるように
なってきたけど
キリンのときと
くらべて
反応《はんのう》が悪《わる》いなぁ
どうしたんだ？
何《なに》か悩《なや》みごと？
あっ
西岡《にしおか》さん！
今《いま》…クロサイに
ハズバンダリー
トレーニングを
しているんですが
ターゲットの
動《うご》きを追《お》うのが
遅《おそ》いような
気《き》がして…

サイは視力《しりょく》が弱《よわ》いからターゲットが見《み》えにくいのかもしれないな
音《おと》を出《だ》すのはどうだろう？
そうか…キリンは視力《しりょく》がいいからすぐにターゲットを見《み》つけられたけど…
クロサイは視力《しりょく》が弱《よわ》いから気《き》づけていなかったってことか…
ターゲットから音《おと》が出《で》るようにしてみます！
シャカ
シャカ
シャカ
トミー!! こっちだよ
シャカ
シャカ
シャカ
スタ
スタ
スタ
スタ
シャカ
シャカ
まて！
ピクッ

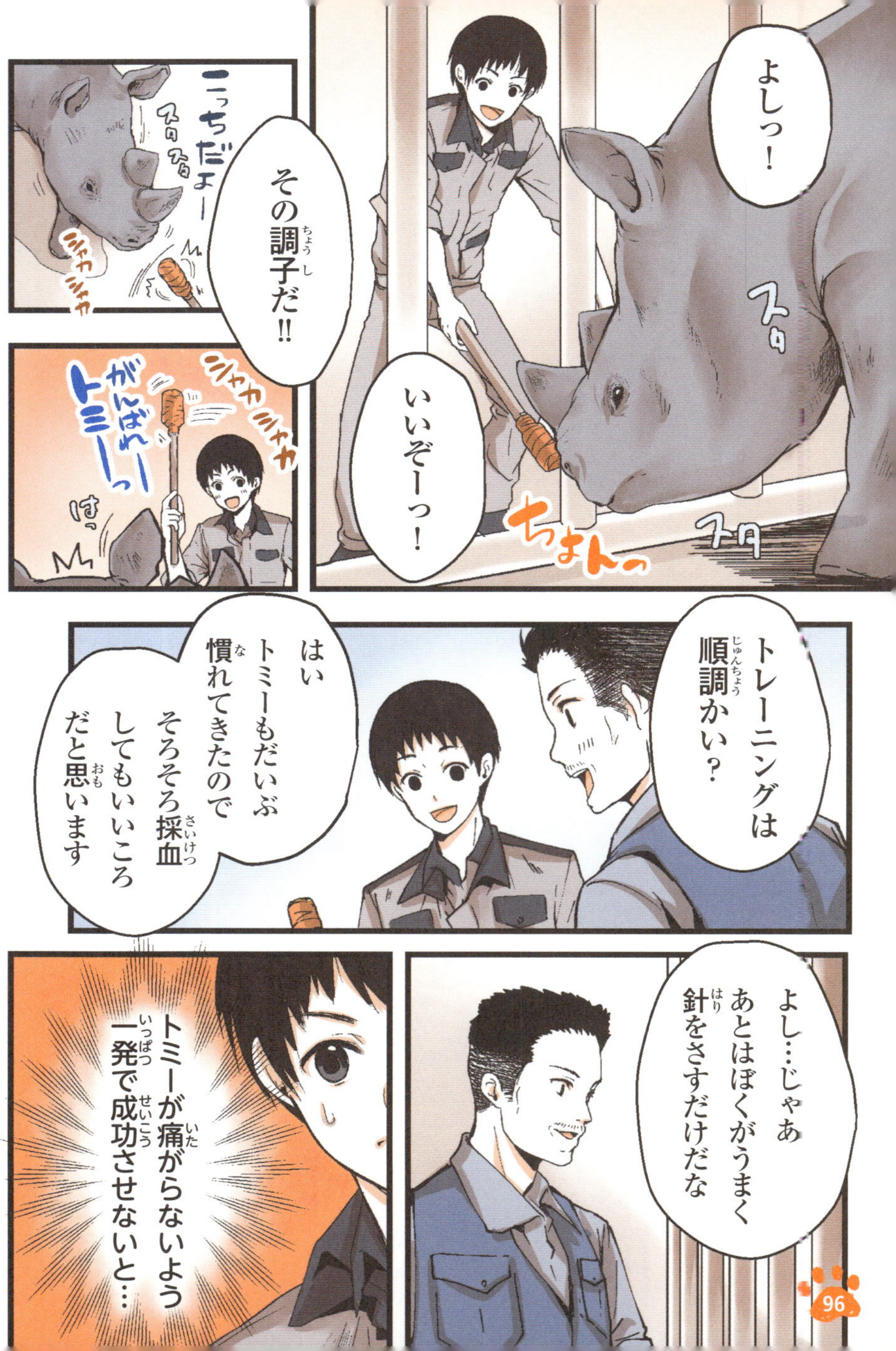
よしっ！
スタ
いいぞーっ！
ちょんっ
スタ
その調子《ちょうし》だ!!
こっちだよー
スタスタ
シャカシャカ
がんばれートミーーっ
シャカシャカ
はっ
トレーニングは順調《じゅんちょう》かい？
はい
トミーもだいぶ
慣《な》れてきたので
そろそろ採血《さいけつ》
してもいいころ
だと思《おも》います
よし…じゃあ
あとはぼくがうまく
針《はり》をさすだけだな
トミーが痛《いた》がらないよう
一発《いっぱつ》で成功《せいこう》させないと…

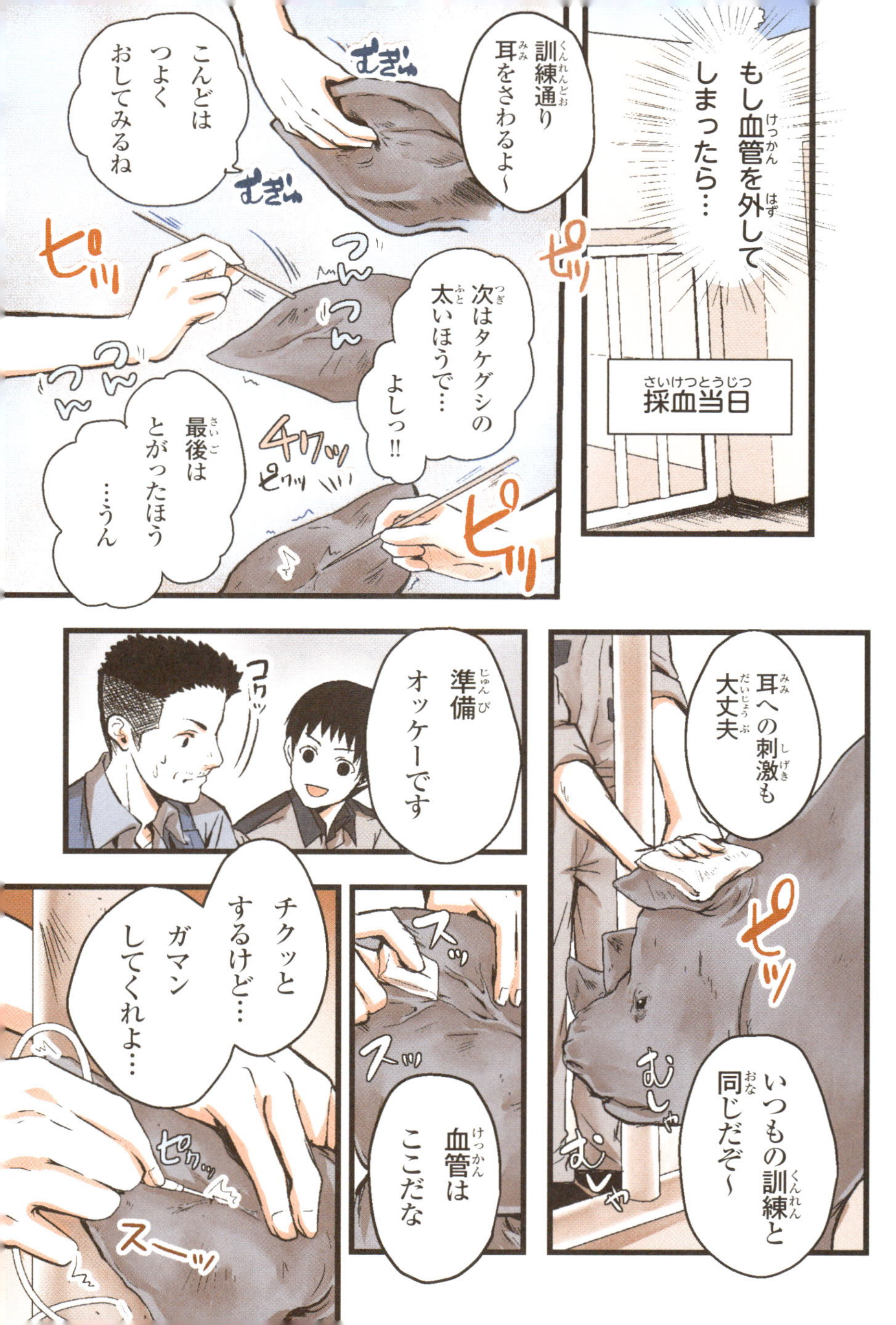

もし血管《けっかん》を外《はず》してしまったら…
採血当日《さいけつとうじつ》
ピッ
訓練通《くんれんどお》り耳《みみ》をさわるよ～
むぎゅ
むぎゅ
こんどはつよくおしてみるね
ピッ
つんつん
つんつん
次《つぎ》はタケグシの太《ふと》いほうで…よしっ!!
チクッ
ピクッ
最後《さいご》はとがったほう…うん
ピッ
♪
耳《みみ》への刺激《しげき》も大丈夫《だいじょうぶ》
ピッ
いつもの訓練《くんれん》と同《おな》じだぞ～
むしゃ
むしゃ
準備《じゅんび》オッケーです
コクッ
スッ
スッ
血管《けっかん》はここだな
チクッとするけど…ガマンしてくれよ…
ピクッ
スーッ

ムニャ
ぱくっ
ムニャ
おいしいか トミー
もうすぐだからな…
スーーッ
よしっ
終了《しゅうりょう》だ……
成功《せいこう》したぞ!!
やったーーっ!!

えらいぞ
トミー!
むしゃ
むしゃ
むしゃ
むしゃ
よく
がんばったな!!
むしゃ
トミー…
よくがんばって
くれたな
キリン担当《たんとう》のときに
知《し》ったハズバンダリー
トレーニング
そのトレーニングの
おかげで
これからは
クロサイの命《いのち》を
守《まも》っていくことが
できる――
よし
よしっ
きっとまだまだ
やれることは
あるんだ
彼《かれ》らの命《いのち》を
守《まも》るために――

第《だい》15話《わ》

ヨシじいさんに会《あ》いたくて

弱《よわ》った海鳥《うみどり》を助《たす》けたヨシじいさんは、看病《かんびょう》をすることに…。

初冬《しょとう》の夕暮《ゆうぐ》れどき、ヨシじいさんは海岸《かいがん》でひとり、漁《りょう》の網《あみ》の手入《てい》れをしていた。

年老《としお》いたヨシじいさんがとる魚《さかな》は、少《すく》ない。売《う》って得《え》られるのは、わずかなお金《かね》だ。

けれども、ヨシじいさんは、いつもこう言《い》った。

「わしは、まもなく死《し》ぬだろう。今日生《きょうい》きるお金《かね》があれば、十分《じゅうぶん》だ」

奥《おく》さんは十数年前《じゅうすうねんまえ》に亡《な》くなり、子《こ》どもたちはまずしい村《むら》のくらしを捨《す》てて、遠《とお》い町《まち》でくらしている。

ヨシじいさんは人《ひと》づきあいが苦手《にがて》で、村人《むらびと》と話《はな》すことはほとんどなかった。

早朝《そうちょう》、漁《りょう》に出《で》て、とった魚《さかな》を売《う》る。午後《ごご》は昼寝《ひるね》のあと、網《あみ》の手入《てい》れをする。夕食《ゆうしょく》を終《お》えたら、テレビを見《み》て寝《ね》る、という毎日《まいにち》のくり返《かえ》しだ。

ところが、その日《ひ》はちがった。
ヨシじいさんが漁《りょう》に出《で》ようと浜辺《はまべ》へ行《い》くと、波打《なみう》ちぎわに、黒《くろ》いかたまりが打《う》ち上《あ》げられていた。
「なんだ？」
ヨシじいさんが近《ちか》よって見《み》ると、黒《くろ》いかたまりは海鳥《うみどり》だった。船《ふね》の燃料《ねんりょう》になる重油《じゅうゆ》が、全身《ぜんしん》にべっとりついている。
（事故《じこ》か、なんらかのトラブルで、船《ふね》から重油《じゅうゆ》がもれでたのがついたのか？）
ヨシじいさんは、ぐったりした海鳥《うみどり》を抱《かか》えて家《いえ》に帰《かえ》り、野鳥《やちょう》の保護《ほご》にくわしい知《し》り合《あ》いに電話《でんわ》をかけた。
「重油《じゅうゆ》にまみれた海鳥《うみどり》を見《み》つけたんだが、どうしたらいいだろう？」
知《し》り合《あ》いは落《お》ち着《つ》いた声《こえ》で、助《たす》ける方法《ほうほう》を教《おし》えてくれた。
海鳥《うみどり》の羽毛《うもう》は、防水《ぼうすい》と保温《ほおん》の機能《きのう》を備《そな》えている。
重油《じゅうゆ》にまみれると、それらの機能《きのう》がうばわれて、海鳥《うみどり》はどんどん弱《よわ》っていく。

重油《じゅうゆ》が鼻《はな》につくと、窒息《ちっそく》する。また、重油《じゅうゆ》を飲《の》みこんでしまうと、体《からだ》のなかも汚染《おせん》され、抵抗力《ていこうりょく》がうしなわれる。どちらにしても放《ほう》っておいたら、死《し》んでしまう。

「重油《じゅうゆ》をあまり飲《の》みこんでいないと、いいのだが……」

ヨシじいさんは、知《し》り合《あ》いに教《おそ》わったとおり、害《がい》のないキッチン洗剤《せんざい》でやさしく羽毛《うもう》を洗《あら》って、温水《おんすい》で流《なが》した。

一回《いっかい》ではとりきれないので、何度《なんど》かくり返《かえ》す。時間《じかん》をかけると、海鳥《うみどり》の体力《たいりょく》をうばうので手早《てばや》く、それでいて、ていねいにやらないといけない。

2時間《じかん》ちかくかけて重油《じゅうゆ》をとりきると、ヨシじいさんは、ひと息《いき》ついた。

「ふ~、やれやれ」

重油《じゅうゆ》が落《お》ちたおかげで、海鳥《うみどり》の羽毛《うもう》の色《いろ》がわかった。背《せ》とつばさが黒《くろ》っぽく、頭《あたま》や胸《むね》は白《しろ》、脚《あし》がピンク。くちばしは黄色《きいろ》で、下《した》の先端《せんたん》が赤《あか》い。オオセグロカモメだ。

ヨシじいさんは、オオセグロカモメに今朝《けさ》とった魚《さかな》をやった。

しかし、カモメは食《た》べようとしない。

「食《た》べる元気《げんき》もないんだな」

ヨシじいさんは魚《さかな》を細《こま》かく切《き》ると、スプーンにのせて、カモメのくちばしから、のどに流《なが》し入《い》れた。

くちばしを閉《と》じると、カモメは魚《さかな》を飲《の》みこんだ。

「うん、いいぞ。食《く》わなきゃ、元気《げんき》になれないからな。さあ、もうひと口《くち》」

ヨシじいさんは、もう一回《いっかい》魚《さかな》を食《た》べさせてから、カモメを休《やす》ませた。

それから、カモメは日《ひ》ごとに元気《げんき》になり、２週間後《しゅうかんご》には、魚《さかな》をまるごと飲《の》みこめるようになった。

「ここまで元気《げんき》になったら、もう海《うみ》にもどれるだろう」

ヨシじいさんはカモメを抱《かか》えて海《うみ》へ行《い》き、浜《はま》で離《はな》してやった。
カモメはうれしそうに、羽《は》ばたき、飛《と》び立《た》った。
「よかった、よかった」
ヨシじいさんはカモメを見送《みおく》ると、いつものように網《あみ》の手入《てい》れをはじめた。
しばらく手入《てい》れをして、顔《かお》を上《あ》げると、なんと、カモメがすぐそばに舞《ま》いおりた。
「なんで、もどってきた」
ヨシじいさんは、カモメを追《お》いはらおうとしたが、カモメはヨシじいさんから離《はな》れようとしない。
「わかった。お前《まえ》の気《き》のすむようにしろ」
ヨシじいさんは、カモメに「コウタ」という名前《なまえ》をつけた。
コウタは毎朝《まいあさ》、漁《りょう》へ行《い》くヨシじいさんについていくようになった。
日中《にっちゅう》、コウタは自由《じゆう》に砂浜《すなはま》や岩場《いわば》を歩《ある》いたり、海《うみ》のうえを飛《と》んだり、泳《およ》いだりした。
ときどき「ピキャーコウコウコウ」と鳴《な》いて、ヨシじいさんを呼《よ》ぶ。

ヨシじいさんは顔《かお》をあげて、「コウコウコウ」と、返事《へんじ》をした。
すると、コウタは満足《まんぞく》そうに、尾《お》っぽをブルブルッとふった。
ヨシじいさんが網《あみ》の手入《てい》れを終《お》えれば、コウタも一緒《いっしょ》に帰宅《きたく》する。
ヨシじいさんのあとをペタペタとついて歩《ある》くコウタはかわいらしく、あっというまに村《むら》の人気者《にんきもの》になった。
朝《あさ》、ヨシじいさんとコウタが海岸《かいがん》を歩《ある》いていると、村人《むらびと》が笑顔《えがお》で声《こえ》をかけてくる。
「おはよう、ヨシじいさん。コウタも元気《げんき》そうだね」
「おはよう。コウタは絶好調《ぜっこうちょう》だよ」
ヨシじいさんは人《ひと》と話《はな》すのは苦手《にがて》だったが、コウタのことを話《はな》すのは、いやじゃなかった。
「コウタは、わしのことは遠《とお》くからでもわかるんだ。海《うみ》からまっすぐ、海岸《かいがん》にいるわしのもとへ、飛《と》んでくるよ」
「手《て》を出《だ》すと、あぶないぞ。コウタは、わし以外《いがい》の人間《にんげん》が手《て》を出《だ》すと、つつくからな」
ヨシじいさんは、村人《むらびと》とよく話《はな》すようになった。

そのうちに、村人《むらびと》がお酒《さけ》やおかずを持《も》って、ヨシじいさんの家《いえ》をたずねてくるようにもなった。
「コウタのおかげで、人《ひと》づきあいが楽《たの》しくなった」
ヨシじいさんは、コウタのくちばしをなでて、ほほえんだ。
やがて季節《きせつ》がめぐり、初夏《しょか》をむかえたころ。
コウタは、いつものように朝早《あさはや》く、ヨシじいさんの後《あと》をついて海《うみ》に出《で》た。
ところが、夕方《ゆうがた》になっても、もどってこない。
「コウター、コウター」
ヨシじいさんは、海岸《かいがん》をさがしてまわった。
（どこかで、ケガでもして動《うご》けなくなっていたら、どうしよう）
暗《くら》くなると、ヨシじいさんは家《いえ》に帰《かえ》ったが、心配《しんぱい》で眠《ねむ》れないまま朝《あさ》をむかえた。
翌日《よくじつ》、ヨシじいさんは村人《むらびと》に手伝《てつだ》ってもらって、コウタをさがした。
だが、コウタのすがたは、どこにも見《み》えなかった。

夕日《ゆうひ》がしずむと、ヨシじいさんはあきらめて、村人《むらびと》にいった。
「もう暗《くら》い。明日《あす》の朝《あさ》、また探《さが》そう」
けれども、夜《よる》のあいだ、ヨシじいさんは考《かんが》えて、ある決意《けつい》をした。
よく朝《あさ》、村人《むらびと》たちがやってくると、ヨシじいさんは静《しず》かにいった。
「ありがとう。もうさがすのはやめる。きっと、コウタはもとの場所《ばしょ》にもどったんだ」
オオセグロカモメは夏《なつ》のあいだ、ヨシじいさんのくらす地域《ちいき》より北《きた》の沿岸部《えんがんぶ》で、群《む》れでヒナを育《そだ》てる。
村人《むらびと》は、ヨシじいさんをなぐさめようと、声《こえ》をかけた。
「さみしくなるな」
ヨシじいさんは、首《くび》を横《よこ》にふった。
「いや、これでよかったんだ」

それから半年《はんとし》ほどたったある日《ひ》。

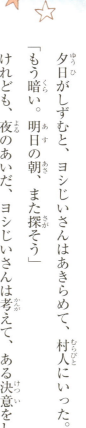

ヨシじいさんが、いつものように浜辺《はまべ》で網《あみ》の手入《てい》れをしていると、波打《なみう》ち際《ぎわ》にオオセグロカモメが降《お》りたった。
村人《むらびと》がさけんだ。
「おや、オオセグロカモメだ。ヨシじいさん、あんたのカモメじゃないのかい？」
「まさか」
ヨシじいさんは、立《た》ちあがった。
カモメはまっすぐ、ヨシじいさんに向《む》かって歩《ある》いてくる。
「ピキャーコウウコウウ」
（呼《よ》び鳴《な》き……。わしに向《む》かってしているのか？）
「コウコウコウ」
ヨシじいさんが返事《へんじ》をすると、カモメは満足《まんぞく》そうにブルブルッと尾《お》をふった。

「おお、コウタ。わしのかわいいコウタ！」
ヨシじいさんは、目《め》の前《まえ》にやってきたコウタのくちばしをそっとなでた。
コウタはそれから数《すう》か月《げつ》、ヨシじいさんのもとでくらしていなくなり、冬《ふゆ》に舞《ま》いもどってきた。
ヨシじいさんは、村人《むらびと》に話《はな》した。
「コウタは繁殖期《はんしょくき》になると群《む》れにもどってお父《とう》さんの役目《やくめ》を果《は》たし、それからまた、わしのもとにもどってくるのだろう」
ヨシじいさんが、コウタを助《たす》けてから5年《ねん》。
コウタは毎年冬《まいとしふゆ》になるころ、ヨシじいさんのもとに帰《かえ》ってくる。
かつて、ヨシじいさんの口《くち》ぐせは、「わしは、まもなく死《し》ぬだろう」だった。
だが、いまはちがう。
「わしは、長生《ながい》きするぞ。コウタが帰《かえ》ってきたとき、こまらないようにな」
ヨシじいさんは、いまや村一番《むらいちばん》の元気《げんき》じいさんで知《し》られている。

第《だい》16話《わ》

明日《あす》への扉《とびら》

輝《かがや》ける場所《ばしょ》へ

競走馬《きょうそうば》には向《む》いていないといわれた翔嶺《しょうりょう》の運命《うんめい》は…。

トレーニングセンター
ここのところ勝《か》てていないなぁ…
ぼ〜〜…
クワイエットプラチナム
競走馬《きょうそうば》には向《む》いてないのかもしれない
残念《ざんねん》だけど引退《いんたい》させようか…
オーナーそんな…
勝負《しょうぶ》の世界《せかい》は厳《きび》しい――
…わかりました
引退《いんたい》した競走馬《きょうそうば》に待《ま》っている未来《みらい》は――

運《うん》がよければ乗《じょう》馬《ば》クラブ
獣《じゅう》医《い》学生《がくせい》の研究《けんきゅう》のために飼《か》われることも
行《い》き先《さき》が見《み》つからない場《ば》合《あい》は――
生《い》きさせてあげたい……
?
おっとりしてかわいいやつなのに…
はっ
そうだ!
おとなしい馬《うま》を欲《ほ》しがっているところがある
新馬命名式

※命令《めいれい》を伝《つた》えること

翔嶺《しょうりょう》の騎馬隊《きばたい》としての生活《せいかつ》がはじまった
そうだ翔嶺《しょうりょう》 ゆっくり歩《ある》くんだ 子《こ》どもをのせたりするからな
カッポ
カッポ
クスッ
競走馬《きょうそうば》だったとは思《おも》えないわね
パシャ
翔嶺は なにがあっても落《お》ちついているから 素質《そしつ》があるぞ
ドドンッ
……
翔嶺《しょうりょう》の場合《ばあい》は…
落《お》ち着《つ》きというより ボーッとしてるだけかも?
?
わはは
そこがいいんだよな〜!

そして騎馬隊《きばたい》としてデビュー
警視庁《けいしちょう》の騎馬隊《きばたい》のみなさんです
お馬《うま》さんと一緒《いっしょ》に交通《こうつう》ルールを覚《おぼ》えましょう!
わー!!
かっこいいー!!
はいっ信号《しんごう》があるねー
赤《あか》のときは渡《わた》ってはいけません!
はーい!
説明《せつめい》するだけだと子《こ》どもたちがあきちゃうけど
お馬《うま》さんがいて楽《たの》しそう!
おうまさん…
さわってみる?
えっ

わーっ
人《ひと》にさわられてもいやがらないんですね
ええ
おとなしい馬《うま》じゃないと騎馬隊《きばたい》の馬《うま》にはなれないんです
急《きゅう》にあばれたらまわりの人《ひと》たちが危《あぶ》ないですからね
すごい馬《うま》なのね翔嶺《しょうりょう》くんって
?
よかったわね
よくやったぞ翔嶺《しょうりょう》!
デビューは大成功《だいせいこう》だった

びっしり
9月
6日
朝当番 息吹 ハヤテ
交通安全教育 翔嶺 白龍
武蔵 優馬
9日
朝当番 翔嶺 ハヤテ
皇居前パトロール 富士 春風
11日
朝当番 新志 風馬
パレード
朝当番
騎《き》馬《ば》隊《たい》の仕事《しごと》はとても忙《いそが》しい
朝《あさ》の交通整理《こうつうせいり》や
ピッ
おはようございます
おうまさんおはよう!
皇居前《こうきょまえ》のパトロール
ザッ
ザッ
ザッ
オー シャシン オネガーイ
ワーォ

トマッテクダサイ
イヤイヤ
ピシッ
翔嶺《しょうりょう》はホント優秀《ゆうしゅう》だなぁ
翔嶺《しょうりょう》は騎馬隊《きばたい》の馬《うま》として一人前《いちにんまえ》になっていった
翌年《よくとし》――
本日《ほんじつ》から騎馬隊《きばたい》に配属《はいぞく》になりました佐藤《さとう》です！
騎馬隊隊員《きばたいたいいん》
佐藤《さとう》 大智《たいち》

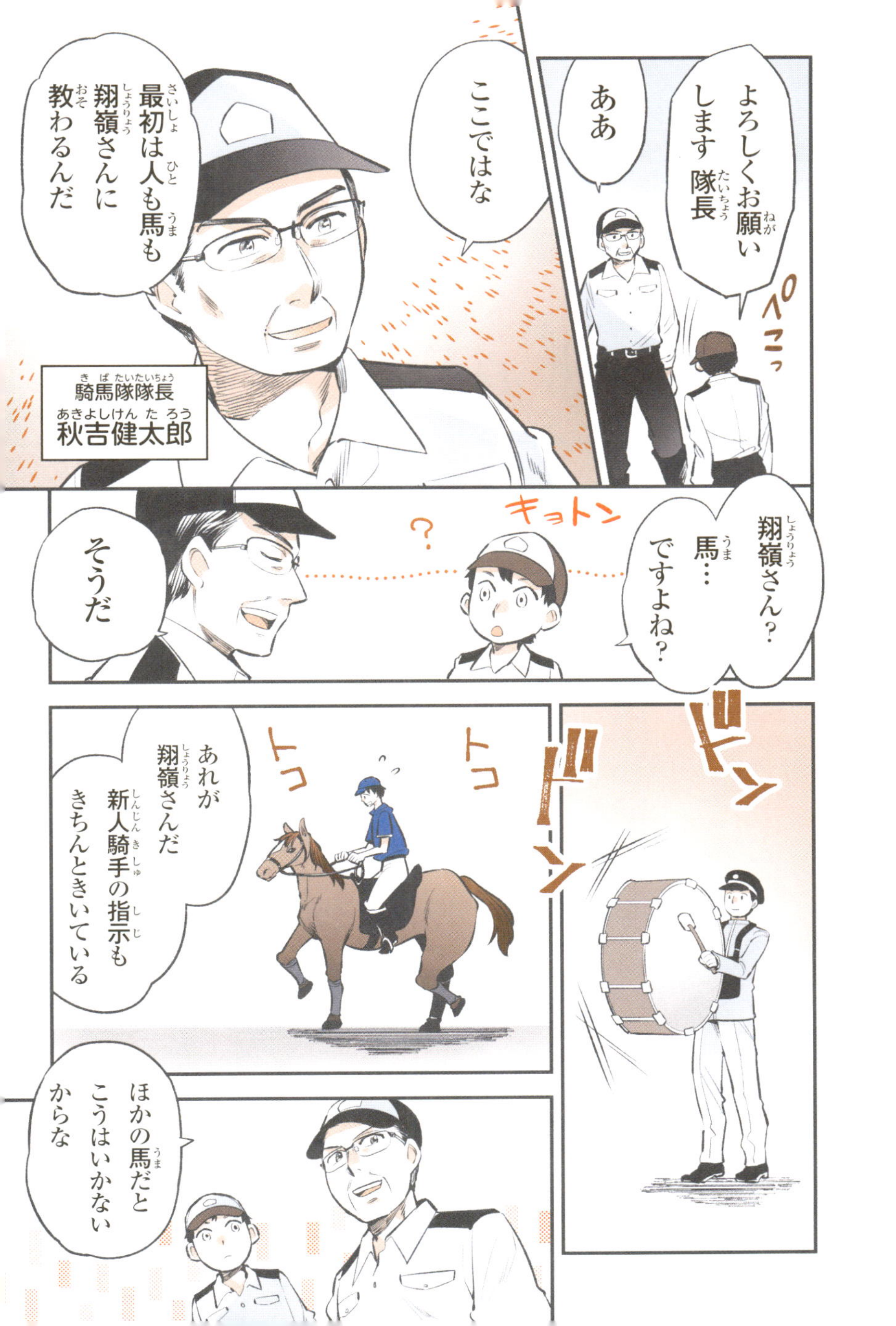
よろしくお願《ねが》いします 隊長《たいちょう》
ああ
ペコッ
ここではな
最初《さいしょ》は人《ひと》も馬《うま》も翔嶺《しょうりょう》さんに教《おそ》わるんだ
騎馬隊隊長《きばたいたいちょう》
秋吉健太郎《あきよしけんたろう》
翔嶺《しょうりょう》さん？馬《うま》…ですよね？
キョトン
？
そうだ
ドン
ドン
トコ
トコ
あれが翔嶺《しょうりょう》さんだ
新人騎手《しんじんきしゅ》の指示《しじ》もきちんときいている
ほかの馬《うま》だとこうはいかないからな

新入《しんい》りの馬《うま》はなかなか
指示《しじ》をきけない
だが翔嶺《しょうりょう》さんが
近《ちか》くに行《い》くと…
ドン
ドン
ドン
どうした、
「止《と》まれ」
だぞ
そわそわ
スッ
ドン
ドン
ぴたっ
おとなしくなった！
すごいや
翔嶺《しょうりょう》はみんなの先生《せんせい》なんだ
よろしくな翔嶺《しょうりょう》…！
こうして佐藤《さとう》さんと翔嶺《しょうりょう》の訓練《くんれん》がはじまった

いよいよ明日《あした》はパレードの本番《ほんばん》だな
佐藤《さとう》！がんばれよ
は…はい！
ドキ
ドキ
緊張《きんちょう》する…
ワァァァ
ワァァァ
そ…想像《そうぞう》以《い》上《じょう》の人《ひと》だ…
緊張《きんちょう》するぼくを落《お》ち着《つ》かせるかのようにいつも通《どお》りの翔嶺《しょうりょう》のおかげでぼくらの初舞台《はつぶたい》は無事成功《ぶじせいこう》に終《お》わった

数年後《すうねんご》——
翔嶺《しょうりょう》の脚《あし》に異変《いへん》が起《お》きた
翔嶺《しょうりょう》のひづめが悪《わる》くなってる!?
治療《ちりょう》で多少《たしょう》はよくなりますが これでは騎馬隊《きばたい》の仕事《しごと》はむずかしいですね
そんな…
翔嶺《しょうりょう》は競走馬《きょうそうば》を引退《いんたい》して
つぎは騎馬隊《きばたい》も引退《いんたい》…
あの 引退《いんたい》した馬《うま》はどうなるんですか？
佐藤《さとう》…
引退《いんたい》した馬《うま》については…
我々《われわれ》にはどうすることもできない
どうすることもできない…

でも やっぱり幸《しあわ》せに くらしてほしい
そう思《おも》った人《ひと》たちが 20年《ねん》ほど前《まえ》に 作《つく》ったのが…
「引退《いんたい》馬《ば》協会《きょうかい》」なんだ！
馬《うま》が寿命《じゅみょう》で 亡《な》くなるまで 世話《せわ》してくれる場所《ばしょ》を
協力《きょうりょく》して 探《さが》す活動《かつどう》だ
じゃあ 翔嶺《しょうりょう》もっ…
だがな 佐藤《さとう》
必《かなら》ずしもうまくいく とは限《かぎ》らない
期待《きたい》しすぎるな

引退馬協会《いんたいばきょうかい》の曽我《そが》です
あの…引《ひ》き取《と》り先《さき》は見《み》つかるんでしょうか？
パシャ
パシャ
なかなか…厳《きび》しいですね ご存知《ぞんじ》のとおり馬《うま》の飼育《しいく》は大変《たいへん》で…
ある程度《ていど》は運動《うんどう》しないと筋肉《きんにく》がおとろえてしまいますし
運動《うんどう》の後《あと》は汗《あせ》をふいたりブラシをかけたりきちんとした管理《かんり》ができないと 体調《たいちょう》を崩《くず》してしまいます
爪《つめ》を定期的《ていきてき》に削《けず》って蹄鉄《ていてつ》を付《つ》け直《なお》すこともかんたんではないですしね

翔領《しょうりょう》はひづめが悪《わる》いので乗馬《じょうば》クラブで人《ひと》を乗《の》せて練習《れんしゅう》を繰《く》り返《かえ》すのも厳《きび》しいですし…
そうですか…
こちらもがんばりますが…
お願《ねが》いできることに限度《げんど》があることはわかっています
そう落《お》ち込《こ》むな佐藤《さとう》
ポン
お送《おく》りします
——ではまたご連絡《れんらく》します
…曽我《そが》さん

むずかしいことは承知《しょうち》ですが
なんとか…
翔嶺《しょうりょう》の行《い》き先《さき》を見《み》つけてやってください…！
…隊長《たいちょう》さん
立場上《たちばじょう》隊員《たいいん》の前《まえ》では本音《ほんね》を言《い》えなくても
本当《ほんとう》は隊長《たいちょう》さんも馬《うま》がかわいくてしかたないんだ
…必《かなら》ず手《て》をつくします
曽我《そが》さんたちの必死《ひっし》の活動《かつどう》で2か月後《げつご》に吉報《きっぽう》が届《とど》いた
本当《ほんとう》ですか!?
ええ 翔嶺《しょうりょう》ならぴったりです！

翔嶺《しょうりょう》の行《い》き先《さき》が決《き》まったんですか
ああ
乗馬《じょうば》クラブで子《こ》どもとふれあえるおとなしい馬《うま》を探《さが》していたそうだ
翔嶺《しょうりょう》の脚《あし》でも負担《ふたん》なく過《す》ごせるのんびりした場所《ばしょ》だ
よかった…
翔嶺《しょうりょう》
かわいがってもらうんだぞ

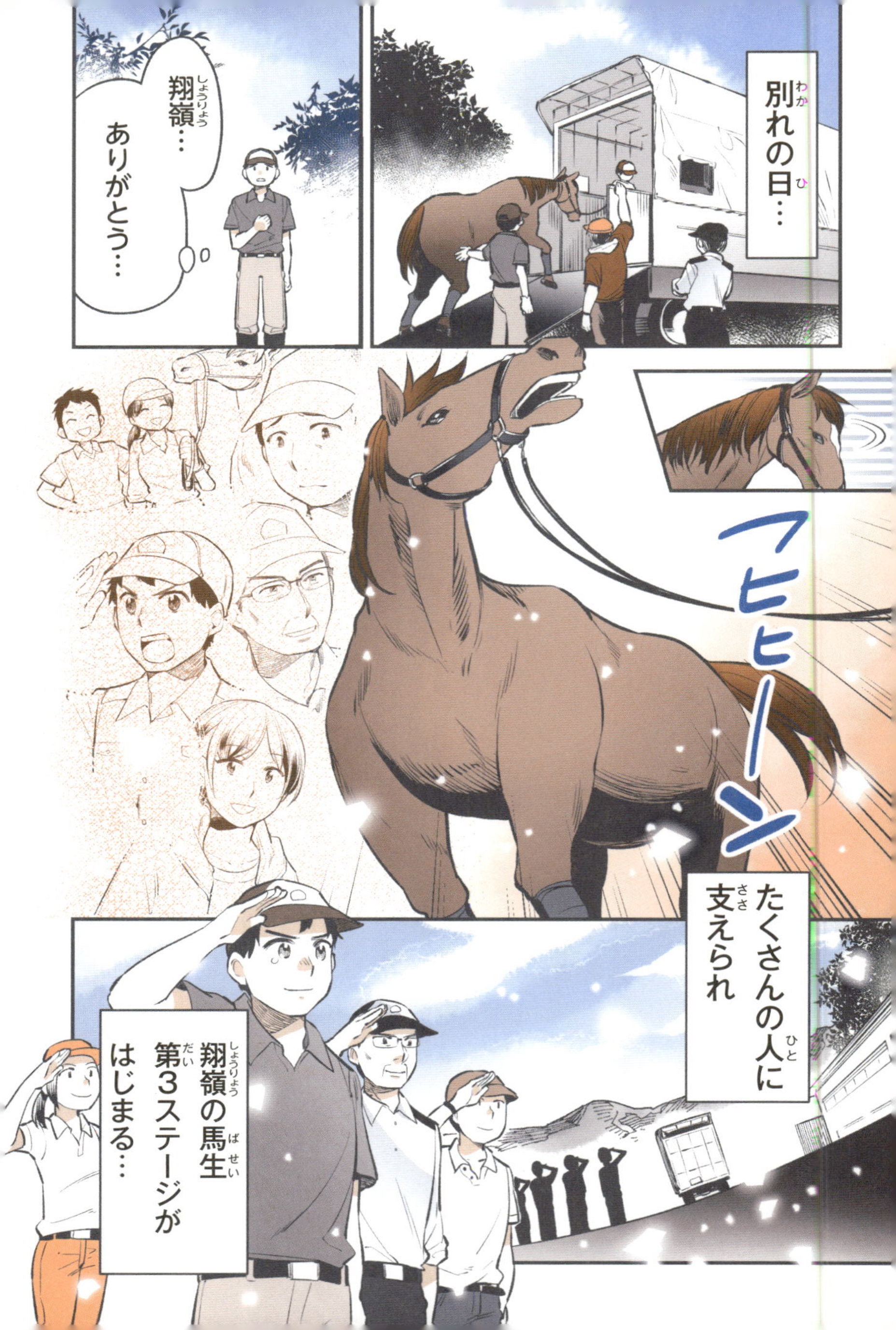
別《わか》れの日《ひ》…
翔嶺《しょうりょう》…
ありがとう…
ヒヒーン
たくさんの人《ひと》に
支《ささ》えられ
翔嶺《しょうりょう》の馬生《ばせい》
第《だい》3ステージが
はじまる…

青空純《あおぞらじゅん》の 研究《けんきゅう》レポート 2

耳《みみ》でわかる、馬《うま》の気《き》持《も》ち

騎手《きしゅ》（馬《うま》に乗っている人《ひと》）や馬《うま》の仕事《しごと》をしている人《ひと》は、必《かなら》ず馬《うま》の耳《みみ》の動《うご》きに注意《ちゅうい》するそうです。なぜかというと馬《うま》は耳《みみ》を動《うご》かすことで、**感情《かんじょう》をあらわすからです。**耳《みみ》の動《うご》きといっても人間《にんげん》とは違《ちが》い、耳《みみ》をぐるぐると 180 度《ど》回《まわ》したり、左右《さゆう》別々《べつべつ》に動《うご》かしたりすることができるのです。

耳《みみ》は前《まえ》に向《む》け立《た》てている

ん？
なんだろう？

はじめてのものを見《み》たり聞《き》いたりしたときの、耳《みみ》の動《うご》きです。前《まえ》にあるものに対《たい》して、注意《ちゅうい》を向《む》けています。

耳《みみ》をペタッと横《よこ》に向《む》けている

はー
落《お》ちつくなぁ

落《お》ち着《つ》いてリラックスしているときはこのような耳《みみ》の動《うご》きに。ただ、病気《びょうき》のときもあるので、目《め》や顔色《かおいろ》などもチェックを。

耳《みみ》を後《うし》ろにふせている

なんだか
イライラする

怒《おこ》っていたり攻撃的《こうげきてき》なときには、このような耳《みみ》の動《うご》きに。けられたりかまれたりしないように、距離《きょり》をとりましょう。

第《だい》17話《わ》

青空純《あおぞらじゅん》物語《ものがたり》

真《ま》っすぐな想《おも》い

北海道《ほっかいどう》から帰《かえ》ってきた純《じゅん》。たまたま通《とお》ったカフェには立花先生《たちばなせんせい》が…

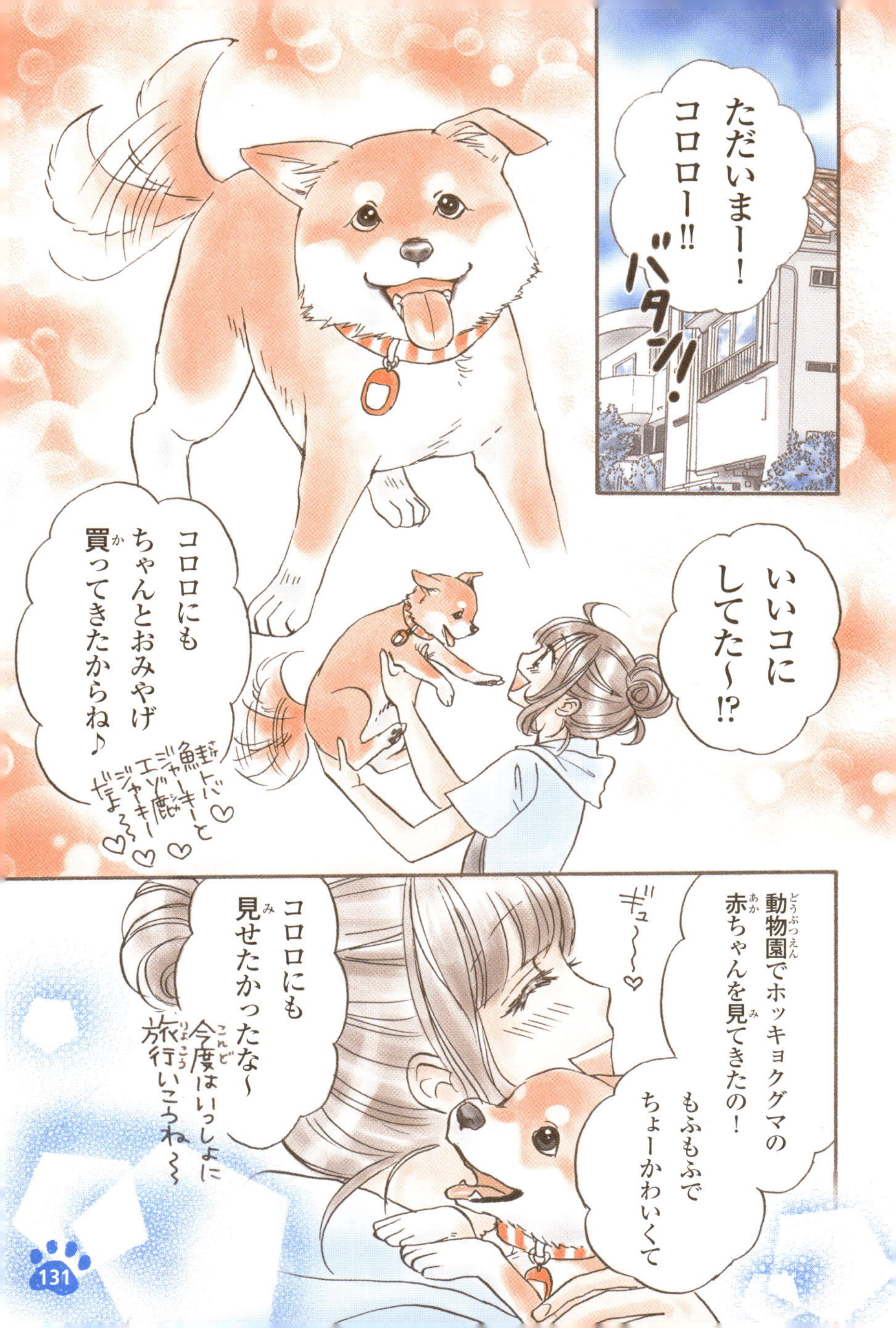
ただいまー！
コロロー!!
バタン!!
いいコにしてた〜!?
コロロにもちゃんとおみやげ買《か》ってきたからね♪
鮭《さけ》とばジャーキーとエゾ鹿《じか》ジャーキーだよ〜〜♡♡♡
動物園《どうぶつえん》でホッキョクグマの赤《あか》ちゃんを見《み》てきたの！
もふもふでちょーかわいくて
ギュ〜〜〜♡
コロロにも見《み》せたかったな〜
今度《こんど》はいっしょに旅行《りょこう》いこうね〜〜

ねぇねぇ今日《きょう》バイト休《やす》みでしょ？
買《か》い物《もの》行《い》かない？
うん いいよっ
そんでさー
あっ
先生《せんせい》だ!!

立花《たちばな》せんせ――
島田《しまだ》さん…と
うちの動物園《どうぶつえん》ここにのってるんですよ!ほらっ
ほんとだすごいな
一緒《いっしょ》……
もしかしてあの人《ひと》がコロロの主治医《しゅじい》の「立花先生《たちばなせんせい》」?
はっ
あっ…うん
…でもプライベートみたいだから――
あれ!?

青空《あおぞら》さーん!!
ガタッ
えっ
一緒《いっしょ》にお茶《ちゃ》しない～？
みつかった…。
先日《せんじつ》は動物園《どうぶつえん》のお仕事《しごと》を見学《けんがく》させていただいてありがとうございました
ぺこり
とても勉強《べんきょう》になりました
えっ かたいなぁ そんなにあらたまらないで
おわって おわって
あ…ありがとうございます
じゃあ…
ガタ…
どーぞ どーぞ
…あっ

そういえば 青空《あおぞら》さん
北海道旅行《ほっかいどうりょこう》に 行《い》ったんだっけ？
えっ 私《わたし》話《はな》し ましたっけ
前《まえ》に病院《びょういん》に来《き》たとき ちらっと話《はな》してたよ
彼女《かのじょ》のお父《とう》さんが どうぶつの研究《けんきゅう》を しているので
あっどうも！
竹内《たけうち》と もうします
北海道《ほっかいどう》でいっぱい お話《はなし》を聞《き》かせて もらったんです
へえー
どうぶつの世界《せかい》はまだまだ 私《わたし》の知《し》らないことがいっぱいで
ますますどうぶつたちが 愛《いと》おしくなりました
まっすぐ生《い》きる どうぶつたちの力強《ちからづよ》さと それを支《ささ》えようと がんばる人《ひと》たちの 強《つよ》い想《おも》いが
想像《そうぞう》もしない キセキを 起《お》こしてるんだ って——

はっ
って
すいませんっ
ひとりで語《かた》っちゃって——
そんなこと
ないよ
どうぶつのことを
真剣《しんけん》に勉強《べんきょう》する
青空《あおぞら》さんは
ステキだよ
ん?
かあああ
くすくす
くす

第《だい》2章《しょう》

想《おも》いが起《お》こしたキセキ

人間《にんげん》とどうぶつの
心《こころ》の結《むす》びつきが起《お》こした
感動《かんどう》の物語《ものがたり》だよ。

青空純《あおそらじゅん》物語《ものがたり》

第《だい》18話《わ》

突然《とつぜん》の試練《しれん》

なんでも全力投球《ぜんりょくとうきゅう》の純《じゅん》は毎日大忙《まいにちおおいそが》しで…。

Mサイズでよろしいですか？
青空《あおぞら》さんってほんとよく働《はたら》くよね
気《き》もきくし…
私《わたし》も青空《あおぞら》さんに接客《せっきゃく》されたーい
しゃべってないで働《はたら》こうか
青空《あおぞら》さんを見《み》ならってな
ペットショップ
おつかれさまでしたっ
あっ ねえねえ青空《あおぞら》さん
帰《かえ》りみんなでごはん行《い》くけど一緒《いっしょ》にどう？
すいませんっ今日《きょう》は大学《だいがく》のレポートやんなきゃで…
ぺこ ぺこ
そっかぁ残念《ざんねん》…
また誘《さそ》ってくださいっ
忙《いそが》しそうだね青空《あおぞら》さん…
バタ バタ バタ バタ

ただいまーっ
バタン!
ギュウウッ
はううう~…
つかれたよぉ~
コロロォ~
ヘロヘロ~
ぺろっ
ふふっ
ありがと
ちゅっ
コロロは
どんなドリンクより
効《き》くね
おかえし

さぁっ
今夜《こんや》も気合《きあ》いで
レポートの続《つづ》き
やるぞーっ
ん〜っ
がんばろー♪
チュン
チュン
遅《おそ》くまで起《お》きてた
みたいだけど
大丈夫《だいじょうぶ》なのか？
パク
んー
しょうがないよ
レポート提出《ていしゅつ》
おわるまでは
あっ
そうだ純《じゅん》
今晩《こんばん》お父《とう》さんと
お母《かあ》さんいないから
晩《ばん》ごはんは自分《じぶん》ですませて
もらっていい？
コロロの
ごはんも
お願《ねが》いね
うん
わかったよ

純《じゅん》ー ちょっと顔色《かおいろ》 悪《わる》くない？
えっ そう？
うん なんか つかれてるっぽい
そんなこと ないよっ
うんっ
全然《ぜんぜん》 ヘーキ！
じゃ 私《わたし》 バイトあるから またねっ
ただいまー コロロー

ハッ
ハッ
ハッ
遅《おそ》くなってごめんねっ
おなかすいたでしょ
すぐごはん用意《ようい》する——
くら…っ
え？
コトッ
あれ？
ドサッ

キョロッ…
北
HOKKAIDO

グイ…
HOKKAIDO
HOKKAIDO
HOKKA
ダッ

第《だい》19話《わ》

想《おも》いのキセキ

あなたを守《まも》るよ

いつも一緒《いっしょ》の茜《あかね》と小太郎《こたろう》。少《すこ》しの間《あいだ》、離《はな》れ離《ばな》れになったけど…。

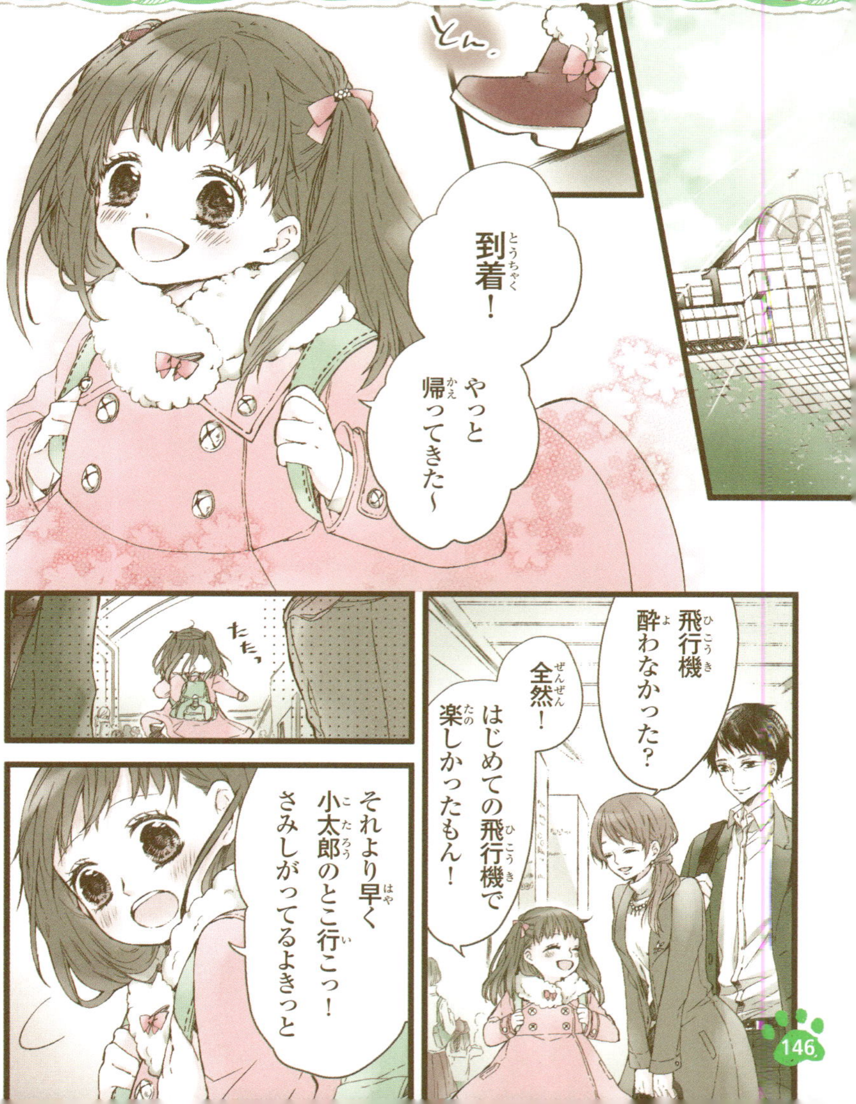

とん。
到着《とうちゃく》！
やっと帰《かえ》ってきた〜
たたっ
飛行機《ひこうき》酔《よ》わなかった？
全然《ぜんぜん》！
はじめての飛行機《ひこうき》で楽《たの》しかったもん！
それより早《はや》く小太郎《こたろう》のとこ行《い》こっ！
さみしがってるよきっと

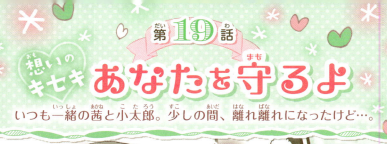

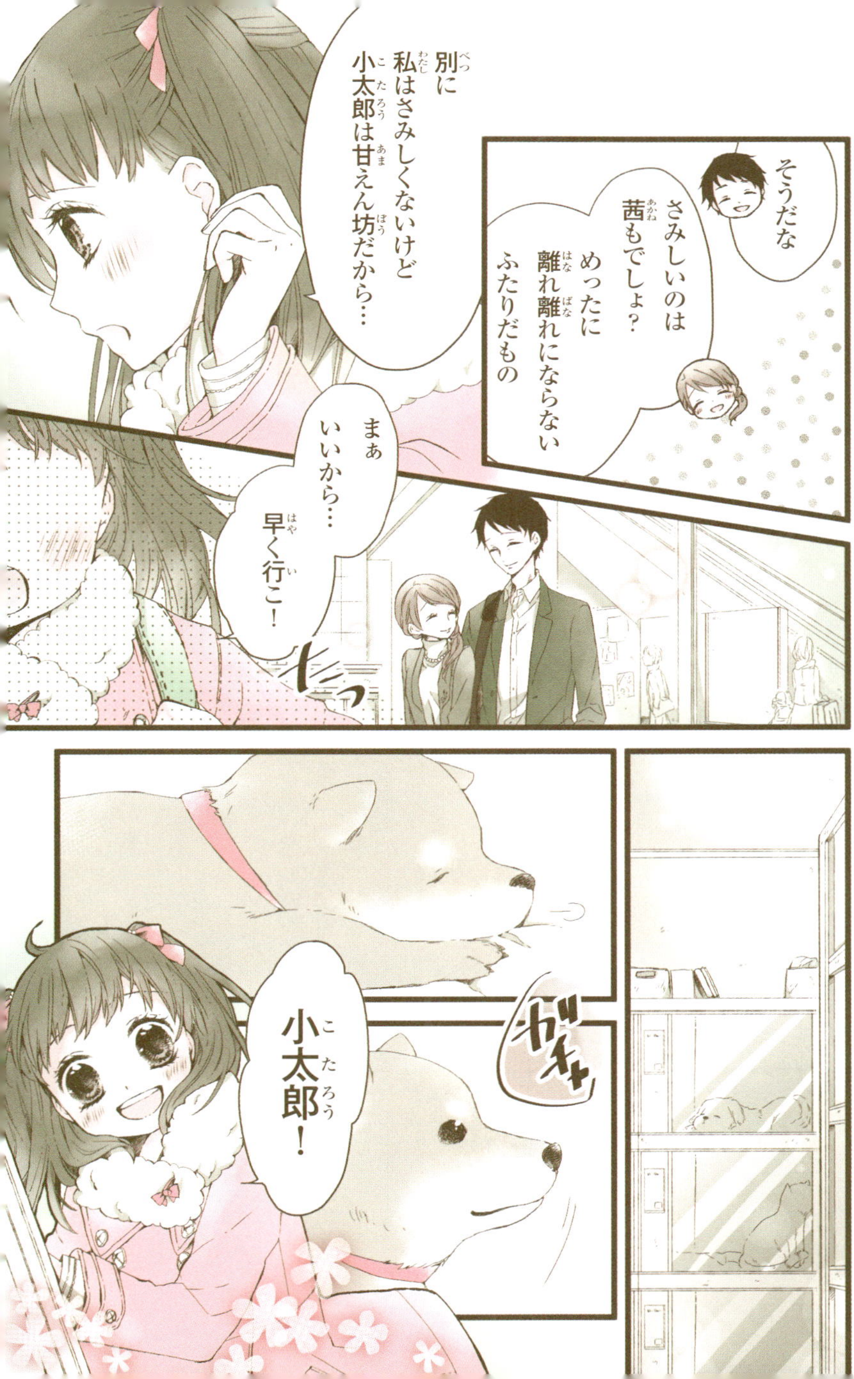
そうだな
さみしいのは
茜《あかね》もでしょ?
めったに
離《はな》れ離《ばな》れにならない
ふたりだもの
別《べつ》に
私《わたし》はさみしくないけど
小太郎《こたろう》は甘《あま》えん坊《ぼう》だから…
まぁ
いいから…
早《はや》く行《い》こ!
ガチャ
小太郎《こたろう》!

ただいまー
むかえにきたよ!
わんっ
小太郎《こたろう》と私《わたし》は
生《う》まれたときから
いつも一緒《いっしょ》にいる
私《わたし》が
小《ちい》さいころから
いつだって
どんなときも
姉弟《きょうだい》のように
親友《しんゆう》のように
ずっと一緒《いっしょ》
よっぽど
さみしかったん
だろうな
そうね
Pet House

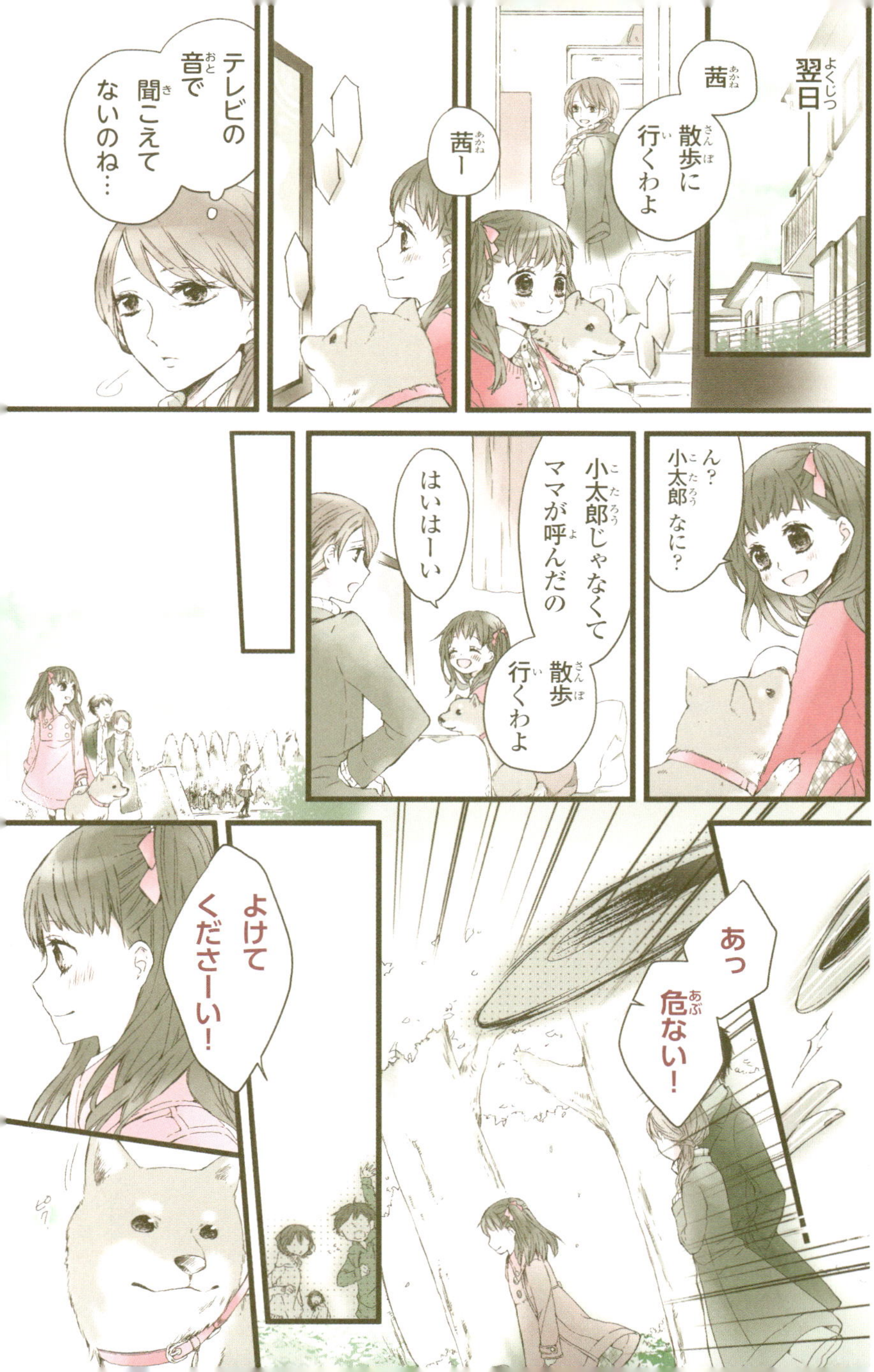

翌日《よくじつ》──
茜《あかね》
散歩《さんぽ》に行《い》くわよ
茜《あかね》ー
テレビの音《おと》で聞《き》こえてないのね…
ん？小太郎《こたろう》なに？
小太郎《こたろう》じゃなくてママが呼《よ》んだの
散歩《さんぽ》行《い》くわよ
はいはーい
あっ
危《あぶ》ない！
よけてくださーい！
ピク

わんわんっ
なに？
ガシャン
わっ…
びっくりしたぁ…
ごめんなさい！
大丈夫《だいじょうぶ》ですか？
あっ 大丈夫《だいじょうぶ》です
気《き》にしないでくださいね
朝《あさ》からぼーっとしてるけど具合《ぐあい》でも悪《わる》いの？
んーん 気《き》づかなかっただけだよ
小太郎《こたろう》!! 家《いえ》まできょうそう！
もう…
わんっ
渡《わた》っちゃえ！
チャ
チャ
ブロロ…

あっ!
茜《あかね》!!
ぐんっ
小太郎《こたろう》?
ググ…
ブロロ…

……へ？
あぶないでしょ！トラックが来《き》てたのに！
がしっ
私《わたし》…気《き》がつかなくて…
わんわんっ
くぅん…

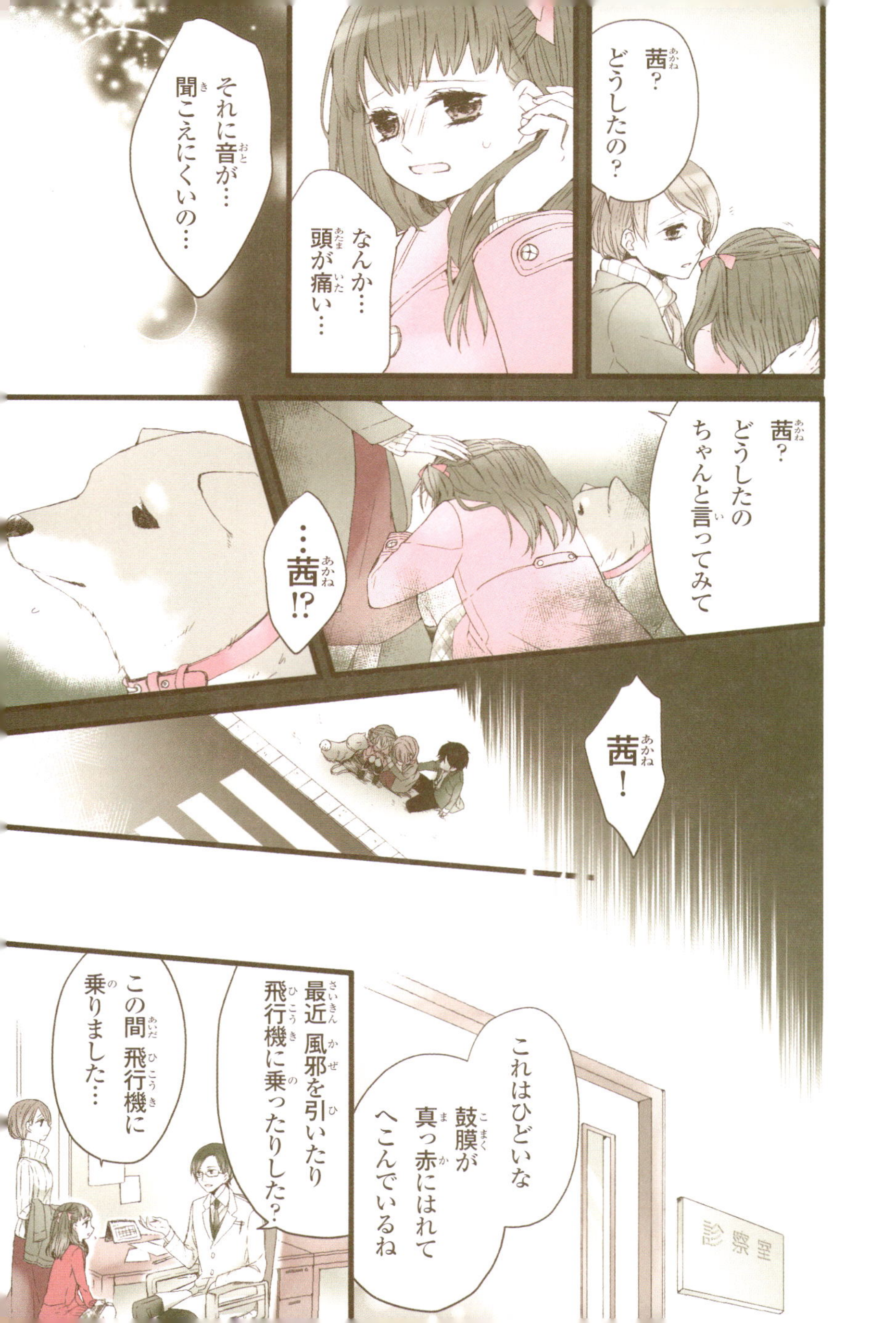
茜《あかね》？どうしたの？
なんか…頭《あたま》が痛《いた》い…
それに音《おと》が…聞《き》こえにくいの…
茜《あかね》？どうしたのちゃんと言《い》ってみて
…茜《あかね》!?
茜《あかね》！
これはひどいな 鼓膜《こまく》が真《ま》っ赤《か》にはれてへこんでいるね
最近《さいきん》 風邪《かぜ》を引《ひ》いたり飛行機《ひこうき》に乗《の》ったりした？
この間《あいだ》 飛行機《ひこうき》に乗《の》りました…
診察室

やはり航空性中耳炎《こうくうせいちゅうじえん》だね
航空性《こうくうせい》中耳炎《ちゅうじえん》…？
飛行機《ひこうき》に乗《の》っていると耳《みみ》が詰《つ》まって音《おと》が聞《き》こえにくくなったりすることはないですか？
気圧《きあつ》の変化《へんか》でなるのですが普通《ふつう》はすぐ元《もと》に戻《もど》るんです
でも放《ほう》っておくと耳《みみ》が詰《つ》まった感《かん》じで聞《き》こえにくくなったり
めまいや耳鳴《みみな》りがしたり頭痛《ずつう》にもつながるんです
これだけ鼓膜《こまく》がはれているなら左側《ひだりがわ》の音《おと》はきこえにくかったでしょう
耳《みみ》の中《なか》がぼわぼわして変《へん》だなと思《おも》ったんですけどそのうち治《なお》るかなって…
でもだんだん痛《いた》くなってきて… 耳《みみ》だけじゃなくて頭《あたま》も…

全然気《ぜんぜんき》がつかなかったわ… どうしてだまってたの？
あんまり大《おお》げさに言《い》って心配《しんぱい》かけるのもいやだったし…
ちゃんと言《い》ってくれないと余計心配《よけいしんぱい》なのよ
…ごめんなさい
でも早《はや》めに気《き》づいてよかったですよ
そうだったのか…
でも悪化《あっか》する前《まえ》に気《き》づけて本当《ほんとう》によかったな
左側《ひだりがわ》はほとんど聞《き》こえていなかったんですって あのコがまんしてたみたいで…
茜《あかね》
心配《しんぱい》かけたくないとか思《おも》わないで ささいなことでもちゃんと教《おし》えてね
茜《あかね》の体《からだ》が一番《いちばん》大事《だいじ》なんだから
うん…ごめん

あのとき小太郎《こたろう》が止《と》まってくれたおかげだな
そういえば……
私《わたし》がよんだ時《とき》も…
わんっ
……小太郎《こたろう》
?
ぱた
ぱた
茜《あかね》の耳《みみ》のこと気《き》づいてたのね
ハッ ハッ
小太郎《こたろう》…私《わたし》のこと守《まも》ってくれてたの…？
ぎゅー…
小太郎《こたろう》…ありがとう…

私《わたし》
小太郎《こたろう》と離《はな》れた
たったの3日《か》間《かん》 本当《ほんとう》は
さみしかったんだ
ね〜
小太郎《こたろう》〜
…あ
違《ちが》った
小太郎《こたろう》
エサ遅《おそ》くなって
ごめん〜
小太郎《こたろう》のほうが
100倍《ばい》イケメンだな
ここは
おばあちゃんの
家《いえ》よ〜
…なにをしても
小太郎《こたろう》のことばっかで
わっ!
ペロ
別《べつ》に
泣《な》いているわけ
じゃないよ!
ごし
小太郎《こたろう》のことは
私《わたし》が守《まも》る
からね!!
わんっ

第《だい》20話《わ》

やさしさのキセキ

小《ちい》さな看《かん》護《ご》師《し》さん

突然《とつぜん》現《あらわ》れたネコ。彼女《かのじょ》には不思議《ふしぎ》な力《ちから》があって…。

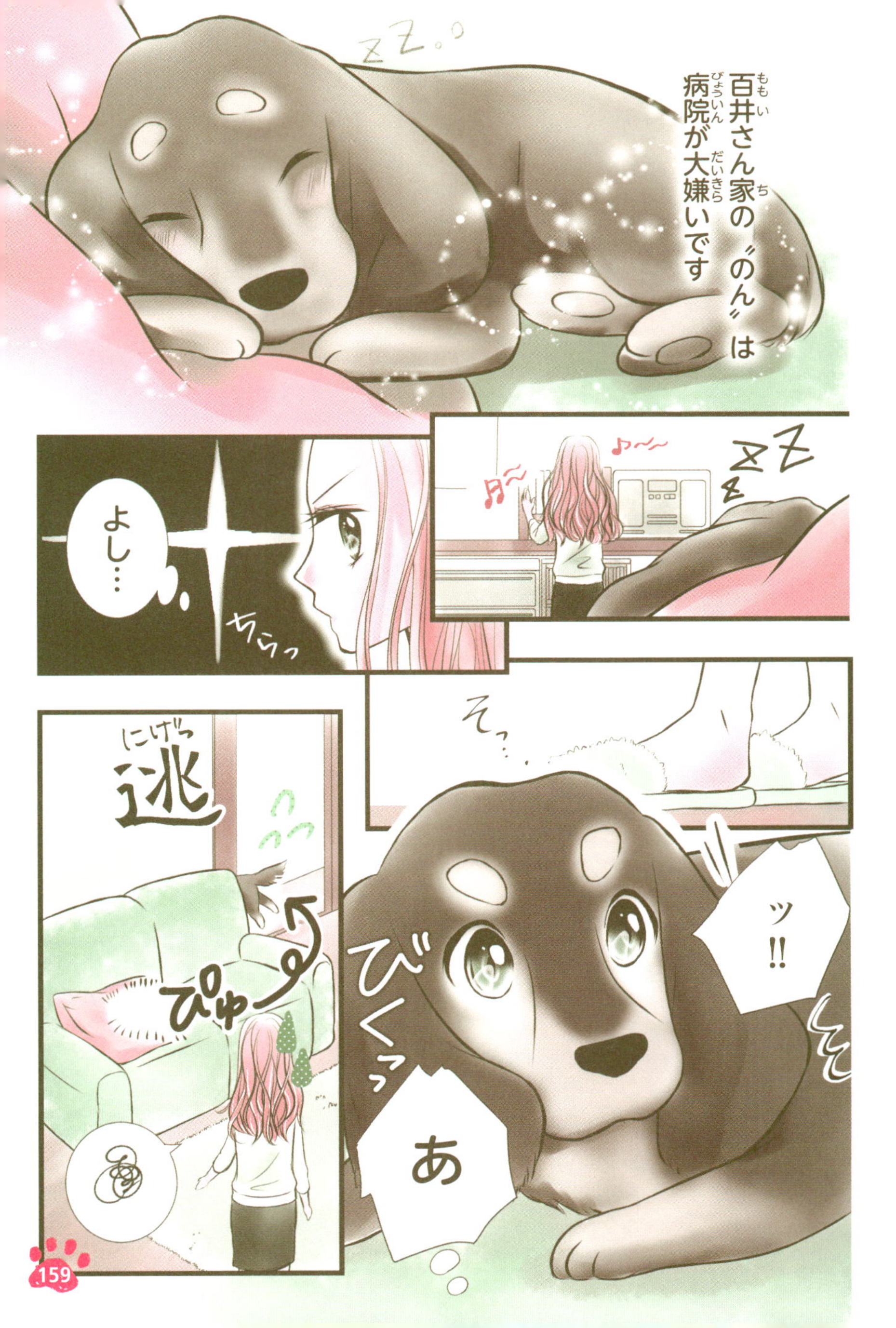

百井《もも い》さん家《ち》の〝のん〟は
病院《びょういん》が大嫌《だいきら》いです
zZ。○
♪~~
♬~
ZZ
Z
よし…
ちらっ
そっ…
ッ!!
びくっ
あ
逃《にげっ》
ぴゅー
あ

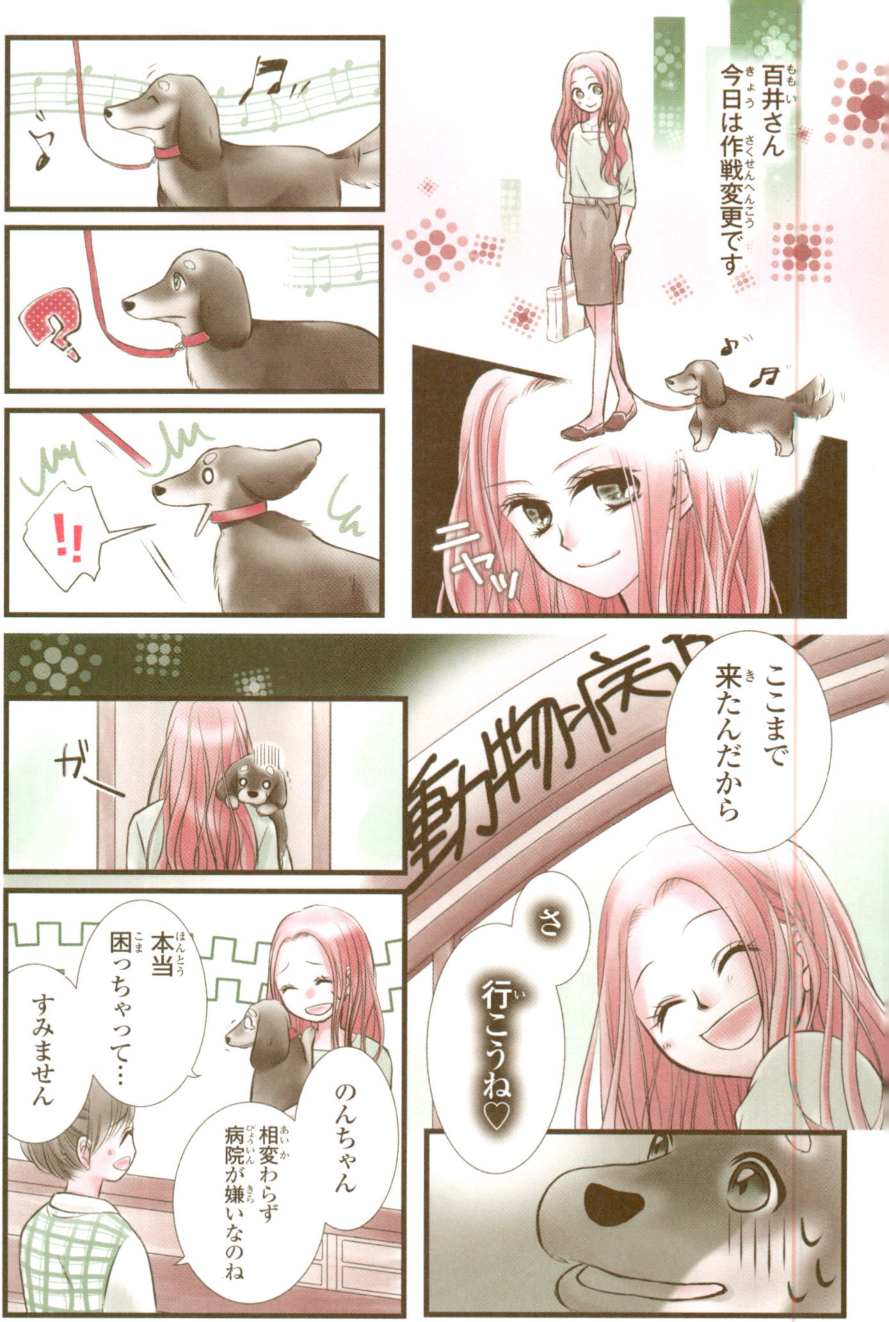

百井《ももい》さん
今日《きょう》は作戦変更《さくせんへんこう》です
ニヤッ
!!
ここまで
来《き》たんだから
さ
行《い》こうね♡
ガー
のんちゃん
相変《あいか》わらず
病院《びょういん》が嫌《きら》いなのね
本当《ほんとう》
困《こま》っちゃって…
すみません

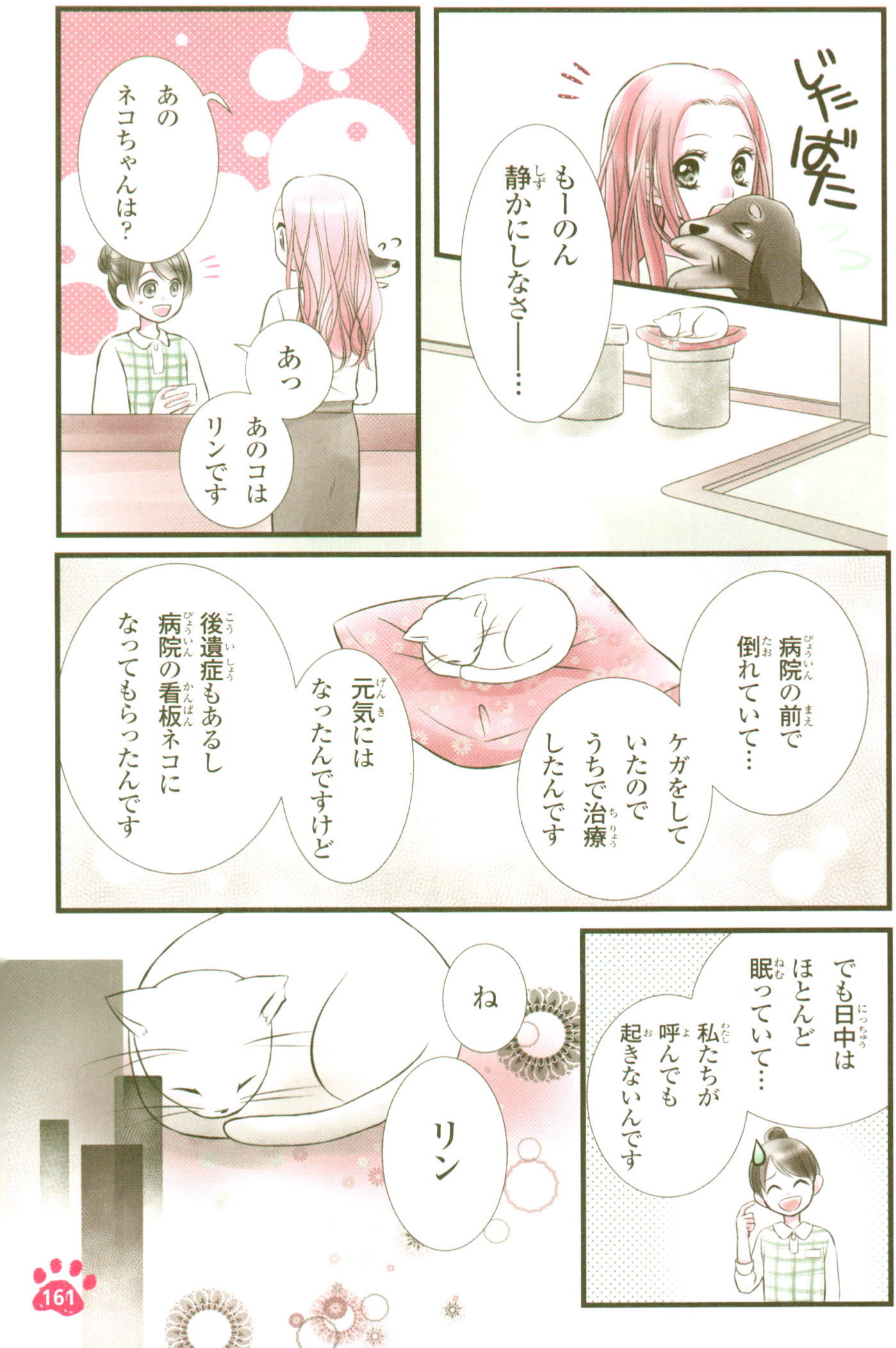
じたばた
もーのん 静《しず》かにしなさ――…
あの ネコちゃんは？
あっ
あのコは リンです
病院《びょういん》の前《まえ》で 倒《たお》れていて…
ケガをしていたので うちで治療《ちりょう》したんです
元気《げんき》には なったんですけど
後遺症《こういしょう》もあるし 病院《びょういん》の看板《かんばん》ネコに なってもらったんです
でも日中《にっちゅう》は ほとんど 眠《ねむ》っていて…
私《わたし》たちが 呼《よ》んでも 起《お》きないんです
ね
リン

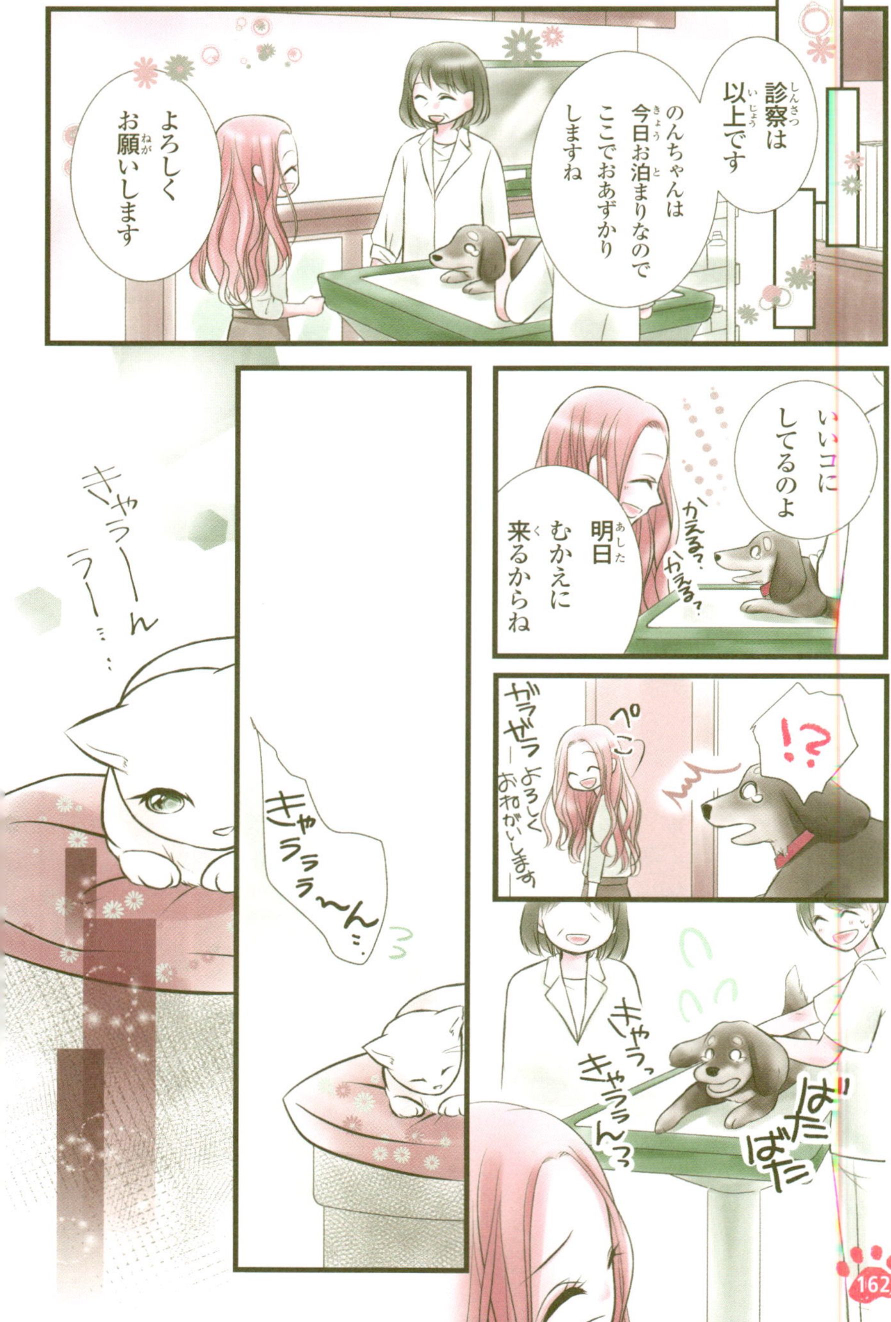
診察《しんさつ》は以上《いじょう》です
のんちゃんは今日《きょう》お泊《と》まりなのでここでおあずかりしますね
よろしくお願《ねが》いします
いいコにしてるのよ
明日《あした》むかえに来《く》るからね
かえる？ かえる？
!?
ぺこ
ガラゼラー よろしくおねがいします
ばたばた
きゃうっ きゃうらんっ
きゃらら〜ん…
きゃら〜〜ん ら〜…

ぐるぐる
そわそわ
くんっ
くんくん
くんくん

みゃー
ごろんっ
あれ…
のん…?
ちょこんっ
病院《びょういん》で1泊《ぱく》したのに
ごきげんなんて
わんっ
信《しん》じられない…

1か月後《げつご》
百井《ももい》さん 診察室《しんさつしつ》どうぞ〜
のんちゃん 久《ひさ》しぶり
あら 今日《きょう》は 落《お》ち着《つ》いて いるのね
そうなんです 病院《びょういん》に来《く》るのも 全然嫌《ぜんぜんいや》がらなくて！
いつも大暴《おおあば》れ するのに…
？
リンちゃん あんなところで お昼寝《ひるね》してる
そうなんですよ
リンは みんなと 仲《なか》よしで…
うさぎは 食《た》べられる側《がわ》の 被捕食動物《ひほしょくどうぶつ》だから
ネコを怖《こわ》がるはず なんですけどね

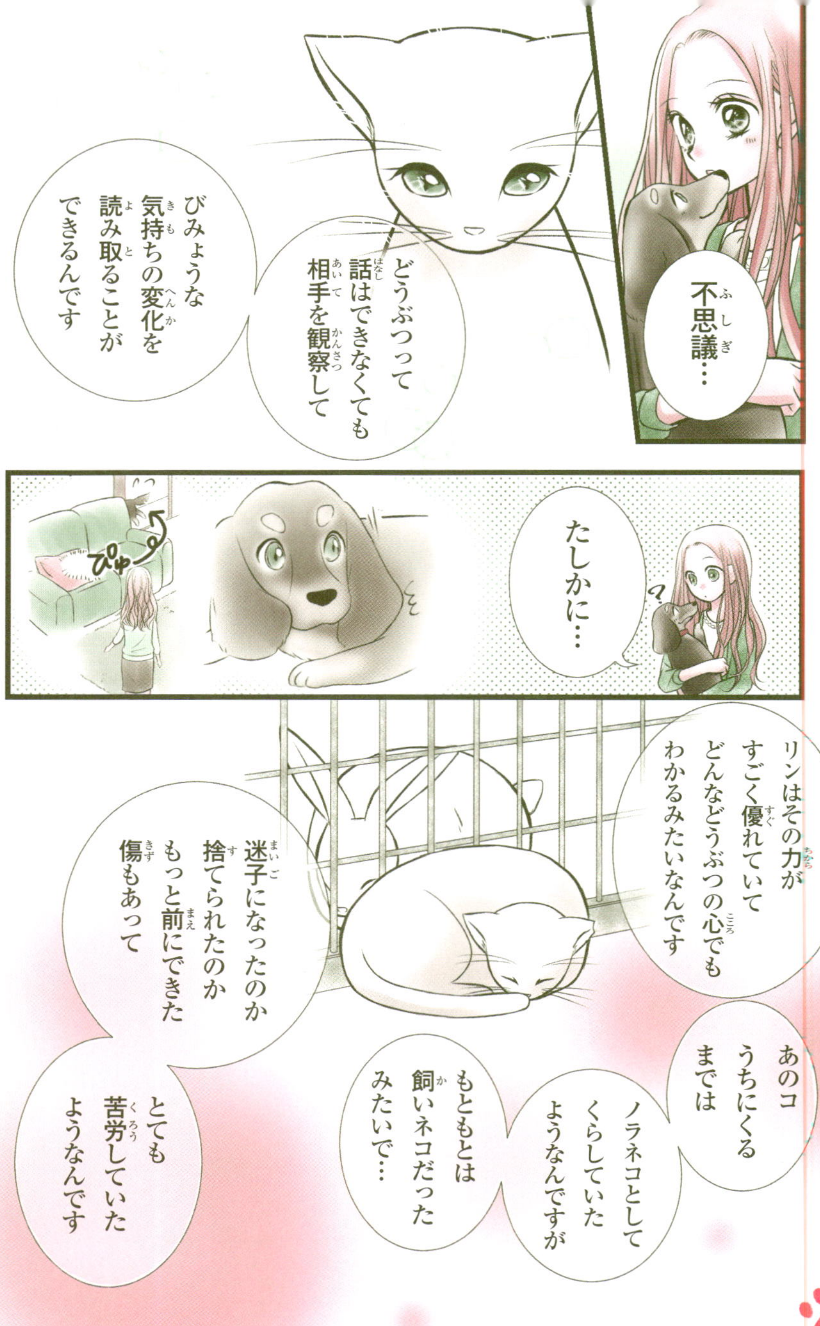
不思議《ふしぎ》…
どうぶつって話《はなし》はできなくても相手《あいて》を観察《かんさつ》して
びみょうな気持《きも》ちの変化《へんか》を読《よ》み取《と》ることができるんです
たしかに…
ぴゅ
リンはその力《ちから》がすごく優《すぐ》れていてどんなどうぶつの心《こころ》でもわかるみたいなんです
あのコうちにくるまでは
ノラネコとしてくらしていたようなんですが
もともとは飼《か》いネコだったみたいで…
迷子《まいご》になったのか捨《す》てられたのかもっと前《まえ》にできた傷《きず》もあって
とても苦労《くろう》していたようなんです

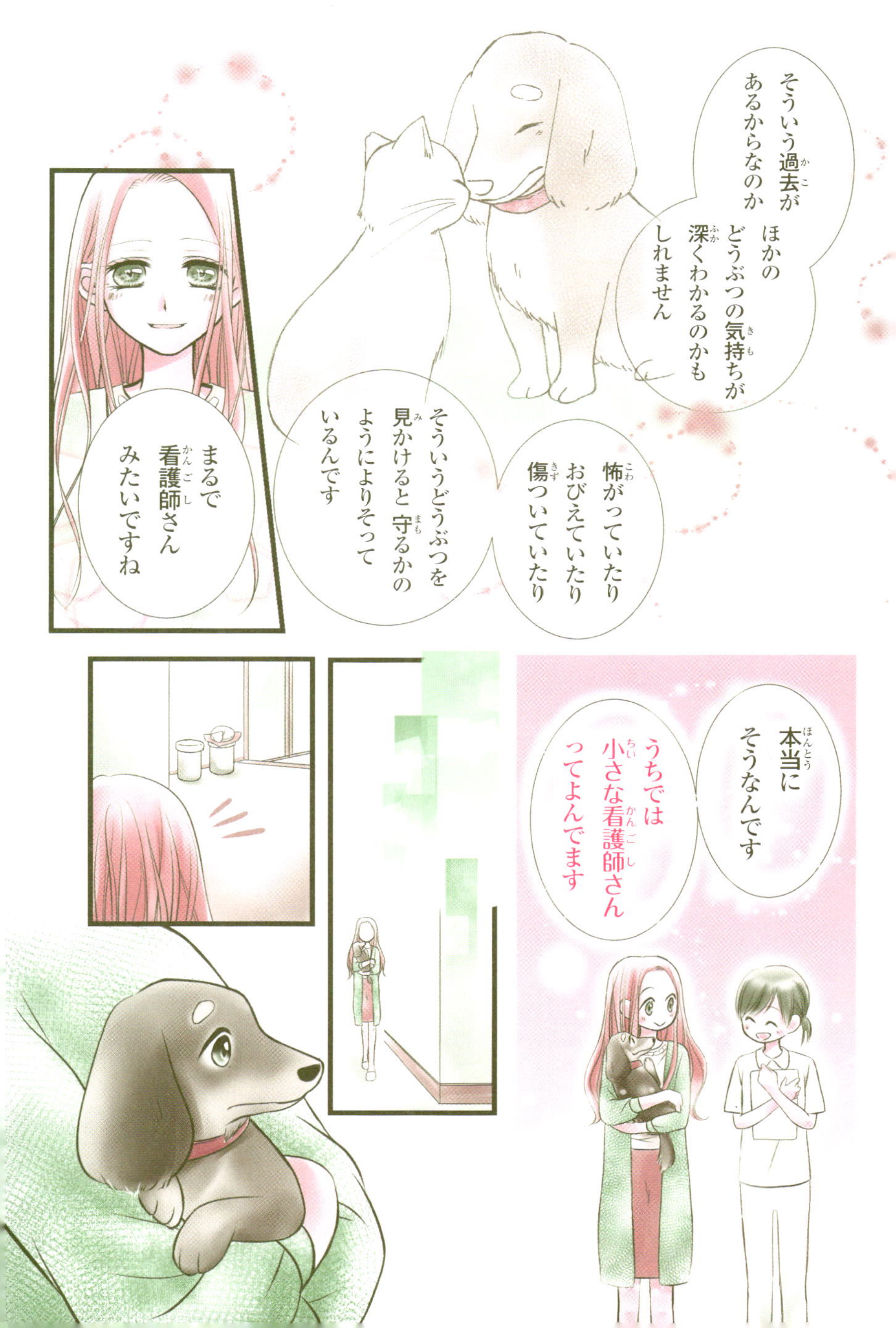
そういう過去《かこ》が あるからなのか ほかの どうぶつの気持《きも》ちが 深《ふか》くわかるのかも しれません
怖《こわ》がっていたり おびえていたり 傷《きず》ついていたり
そういうどうぶつを 見《み》かけると 守《まも》るかの ようによりそって いるんです
まるで 看護師《かんごし》さん みたいですね
本当《ほんとう》に そうなんです
うちでは 小《ちい》さな看護師《かんごし》さん ってよんでます

わっ!
のんも
リンちゃんに
助《たす》けられたのね
小《ちい》さな街《まち》の
小《ちい》さな動物病院《どうぶつびょういん》には
小《ちい》さいけれど
大《おお》きなやさしさをもった
ネコの看護師《かんごし》さんがいます

夢《ゆめ》を叶《かな》えたキセキ

第《だい》21話《わ》 調《ちょう》律《りつ》師《し》と鳥《とり》

小《ちい》さいころから調律師《ちょうりつし》になるのが夢《ゆめ》だった智《さとし》は…。

…ふう
ピアノの調律《ちょうりつ》終《お》わりました
ごくろうさま
チチチ…
ピピピ…
——いよいよ明日《あした》からか…

今回《こんかい》初《はじ》めて
海外《かいがい》コンクールの
ピアノを調律《ちょうりつ》する
入賞確実《にゅうしょうかくじつ》と
言《い》われる期待《きたい》の
ピアニスト…
ぼくの調律《ちょうりつ》で
台《だい》なしにする
わけにはいかない…
緊張《きんちょう》で
眠《ねむ》れなかった…
フラ
フラ
しっかりしろ
自分《じぶん》！
ここまで
来《き》たんだ
弱気《よわき》になってる
場合《ばあい》じゃない…！

——ぼくの実家《じっか》は
ピアノ教室《きょうしつ》で
小《ちい》さいころから
ピアノの音《おと》に
囲《かこ》まれて育《そだ》った
ピアノの音色《ねいろ》は
弾《ひ》く人《ひと》によって
変《か》わったり
その日《ひ》の気温《きおん》・湿度《しつど》に
よっても変《か》わる
とても繊細《せんさい》なものだ
そのため定期的《ていきてき》に
調律師《ちょうりつし》に
音色《ねいろ》や音程《おんてい》を
ととのえてもらう
必要《ひつよう》がある
ポーン
調律《ちょうりつ》を終《お》えたピアノの音色《ねいろ》は
まるで魔法《まほう》のように
また
かがやきを
取《と》り戻《もど》した
そして
ぼくは調律師《ちょうりつし》を
目指《めざ》すようになった——

ピアノの調律《ちょうりつ》は訓練《くんれん》で身《み》につくといわれているため
小《ちい》さなころからピアノの音《おと》をきいていたぼくには自信《じしん》があった
ところが――……
なぜ わからないんだ
□□音楽大学
さっきからまったく音程《おんてい》が安定《あんてい》しないじゃないか！
ちゃんと集中《しゅうちゅう》しなさい!!
ダメだ…どの音《おと》をきくのが正解《せいかい》なんだ…
ピアノの先生《せんせい》の息子《むすこ》だろう？なぜできない

先輩《せんぱい》ぼくって…
元気《げんき》出《だ》せよ智《さとし》
向《む》き不向《ふむ》きはしょうがないさ
向《む》いてないんだったら
あきらめるしかないのか…？
ピピ
鳥《とり》…？ずいぶん弱々《よわよわ》しい…
あっ

たしか…近《ちか》くに動物病院《どうぶつびょういん》があったはずだ
今助《いまたす》けてやるからな
動物病院
気《き》を失《うしな》っているだけなのですぐに元気《げんき》になりますよ
でも…野鳥保護《やちょうほご》には十分注意《じゅうぶんちゅうい》してくださいね
注意《ちゅうい》ですか？
ええ
感染症《かんせんしょう》を予防《よぼう》するため布《ぬの》をかぶせ体《からだ》をそっとつかむことや
ヒナ鳥《どり》は親《おや》が近《ちか》くにいるので拾《ひろ》ってはいけないこと
野鳥《やちょう》を飼《か》うことは禁止《きんし》されているので自治体《じちたい》に相談《そうだん》することなど
知《し》っておいてほしいことはたくさんあるんです

しかしよく気《き》づきましたね
鳴《な》き声《ごえ》がきこえたんです
それはすごい！
相当耳《そうとうみみ》がいいんですね！
えっ？
ふつうの人《ひと》にはここまで弱《よわ》っている鳥《とり》の声《こえ》はきこえませんよ！
あなたの耳《みみ》が
命《いのち》を助《たす》けたんです
ぼくの耳《みみ》が役《やく》にたった…
調律師《ちょうりつし》になる夢《ゆめ》…
やっぱりあきらめたくない…！

※鳴《な》らした音《おと》の振動《しんどう》によって、別《べつ》の音《おと》が鳴《な》ること

あのとき――
あの野鳥に
出会《であ》っていなかったら
調律師《ちょうりつし》になるのを
あきらめていた
だろう
調律《ちょうりつ》は
どうでしょうか？
うーん…
もっと明《あか》るい音《おと》が
ほしいわ
彼女《かのじょ》の望《のぞ》む音《おと》…
トーン
トーン…
サトシ
カフェデモ
イッテ
キブンテンカン
スルト
イイデスヨ
そうですね…

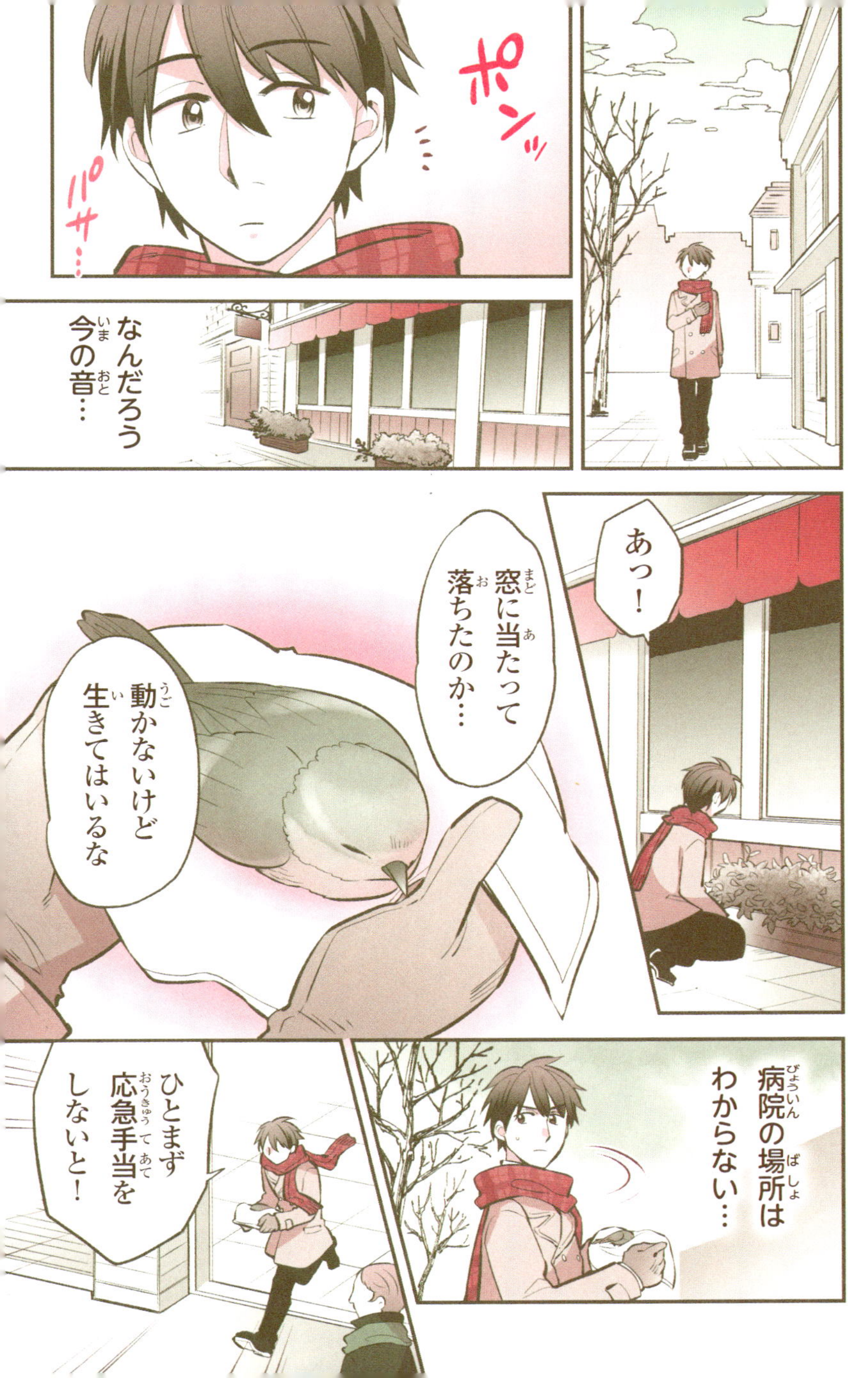
ポンッ
パサ…
なんだろう 今《いま》の音《おと》…
あっ!
窓《まど》に当《あ》たって落《お》ちたのか…
動《うご》かないけど生《い》きてはいるな
病院《びょういん》の場所《ばしょ》はわからない…
ひとまず応急《おうきゅう》手当《てあて》をしないと!

獣医《じゅうい》さんに教《おそ》わった
応急手当《おうきゅうてあて》は…
ホカホカ
あたためるのは
カイロを使《つか》おう
カイロは
熱《あつ》くなりすぎても
いけないから
片側《かたがわ》だけにして
…と
おっ
目《め》が
開《あ》いたぞ
よしよし
大丈夫《だいじょうぶ》だよ
つぎに
スポーツドリンクを
カイロで温《あたた》めて

わりばしの先端《せんたん》につけて…
糖分《とうぶん》はエネルギーになるからな
ピィ ピィ
おっ元気《げんき》でたか
これでもう安心《あんしん》だな じゃあ元《もと》の場所《ばしょ》に戻《もど》ろう
ピピーッ
ピピーッ
えっと…
ピィ ピィ
ん？
ピピー!!
ピピー
あっ 仲間《なかま》がいたんだ！

これからは
気《き》をつけるんだぞ！
バサッ
ピピピ
ピピ…
——さて
ぼくも
もうひとがんばり！

翌日《よくじつ》——
ワァァァ
コンクールは無事《ぶじ》に終了《しゅうりょう》した
パチパチ
パチパチ
ブラボー!!
ブラボー!!
パチパチ
サトシ!
入賞《にゅうしょう》できたのはあなたのおかげよ
私《わたし》が望《のぞ》んだ音《おと》にしてくれてありがとう!

小鳥《ことり》のおかげで
れいせいさを
とりもどせた――
結局《けっきょく》また
助《たす》けられちゃったな
パタタ
ありがとう
ぼくももっと
高《たか》い空《そら》を目指《めざ》すよ…

どうぶつたちのミラクル☆

ドキドキ 危機一髪《ききいっぱつ》！

「なんでそんなことを？」というような、
思《おも》ってもいない行動《こうどう》をするどうぶつたち。
今回《こんかい》はハラハラドキドキの
本当《ほんとう》にあったお話《はなし》を紹介《しょうかい》します。

ちょこん ご飯《はん》だよ～ 今日《きょう》は 川《かわ》エビあるよ
縁日《えんにち》で出会《であ》った 私《わたし》の大切《たいせつ》な友《とも》だち ゼニガメの〝ちょこん〟
第《だい》22話《わ》
ちょこん救出《きゅうしゅつ》大作戦《だいさくせん》！
カメくん
チョコ
チョコ
名前《なまえ》はそう
ちょこ
ちょこ
ちょこちょこ歩《ある》くから♡
お水《みず》かえるよ～
ジャーッ
グー
スー
Z
あっ
こんなところで昼寝《ひるね》してる
ポカポカ
気持《きも》ちいいね

帰《かえ》ったら お掃除《そうじ》するから いいコにしててねっ
いってきまーす
放課後《ほうかご》――
ガラガラ…
わー
わー
青木楓《あおきかえで》さん いますか？
お母《かあ》さんから お電話《でんわ》よ
楓《かえで》〜……
どうしたの？
ぐすんっ
あのね…
ちょこんの 水《すい》そう…
ぐすっ
たまにはママも 手伝《てつだ》おうと思《おも》って 掃除《そうじ》してたの……
ズビッ!

でも…その…
水《みず》を捨《す》てるときに
ちょこんを…
ぐず…
ズビッ
一緒《いっしょ》に
流《なが》しちゃって
ぐすっ
ママのばか!!
なんでなんで
勝手《かって》に
よけいなこと
するの!?
ママ!
流《なが》したって
どこに!?
楓《かえで》…!
ぐず
ぐずっ
外《そと》の排水溝《はいすいこう》…
ぐず
ズビッ
ちょこん〜
ピャー
ザァア…
パッ
パッ
ドロ..
ドロ..

ぐす ぐす
もしかしたら もう…
奥《おく》が暗《くら》くて よく見《み》えない
ザァー…
水《みず》も汚《きたな》いし…
これじゃあ…
ハッ
ちょこん!!
いた～!
奥《おく》のゴミに ひっかかってる
本当《ほんとう》!? 楓《かえで》!
でも… フタは 開《あ》かないし 手《て》も 入《はい》らない
……
そうだ!
ガサッ
ゴソ ゴソ
ドタバタ
グネグネ
ペタ
ガサ
ぐるぐる
この 手作《てづく》りの タモで…!
バーン

バッ
そ〜〜〜っ
ちょこん お願《ねが》い
ここに入《はい》って!
スカッ
フラフラ
フラフラ
スカッ
ハラハラ
ちょこん
ぐぐ…っ
私《わたし》に気《き》づいてちょこん
……!
こんなお別《わか》れいやだよ!!
ちょこん!!
ハッ
パチリ
ポハーッ
!?

つぎのページから、いろいろな どうぶつ ハラハラ 危機一髪《ききいっぱつ》 を紹介《しょうかい》するよ！

どうぶつハラハラ 危《き》機《き》一《いっ》髪《ぱつ》

第《だい》23～30話《わ》

声《こえ》の先《さき》には…？

スキマをのぞきたくなるのはネコの本能《ほんのう》!!

うれしさのあまり

犬《いぬ》ってうれしいと我《われ》を忘《わす》れちゃうの…。

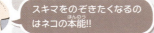

どうぶつたちは意外《いがい》におっちょこちょい。
危機一髪《ききいっぱつ》で助《たす》かったドキドキのお話《はなし》です。

うさダッシュ！

抱《だ》っこはニガテだけどカラスがコワかったの…。

いつもなら…

ラブラドールレトリバーって水遊《みずあそ》びが大好《だいす》きなの…。

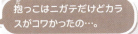

ネコジャンプ!?

小鳥《ことり》に夢中《むちゅう》で、2階《かい》だってことを忘《わす》れてたニャ!

感《かん》じる視線《しせん》

2メートルもジャンプするのはさすがにムリにゃ…。

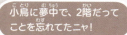

寒《さむ》すぎて…！

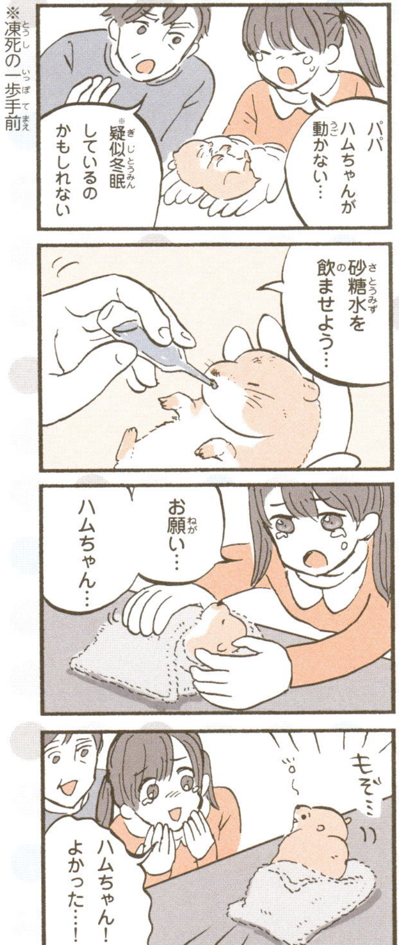

寒《さむ》いと眠《ねむ》くなって動《うご》けなくなるんだ…。

初《はじ》めてのソリ

みんなが楽《たの》しそうだとテンションあがるワン。

第《だい》31話《わ》

運命《うんめい》のキセキ

ねこねこパニック

碧《あおい》の楽《たの》しみはSNS《エスエヌエス》でネコの写真《しゃしん》を見《み》ることだけど…。

※左右《さゆう》で色《いろ》が違《ちが》う瞳《ひとみ》のこと

今日《きょう》は、心《こころ》ここにあらずで お客《きゃく》さまに出《だ》すお料理《りょうり》をこがしてしまいました… トホホ…
なで
なで。。
…明日《あした》はいい日《ひ》になるよね!!
あっコメント
"KG《ケージー》"ってだれ?
コメント
おはよ!昨日《きのう》は大変《たいへん》だったね。なんでもオレに相談《そうだん》しろよ～^^
KG《ケージー》って圭吾《けいご》か♡
にへら♡
ガタン
ゴトン
圭吾
22:10
08:05
圭吾《けいご》、心配《しんぱい》してくれて ありがとね!だけど全然大丈夫《ぜんぜんだいじょうぶ》! 今日挽回《きょうばんかい》するから
送信《そうしん》♪

圭吾
??なんのことだ～??
よくわかんないけど、
今日《きょう》も一日《いちにち》がんばろー
ポロン♪
照《て》れ屋《や》なやつ…♡
ニヤニヤ
恋人《こいびと》の圭吾《けいご》はいっつも私《わたし》のことを気《き》にかけてくれて
すっごく優《やさ》しいの
私《わたし》が落《お》ちこんでるときは必《かなら》ずはげましてくれて…
これからもず～っと一緒《いっしょ》にいたいなあ♡
あ サミーの写真《しゃしん》アップしとこ♪
手《て》で水《みず》を飲《の》む変《へん》なネコです
今日《きょう》は昨日《きのう》の名誉挽回《めいよばんかい》しなきゃ！
今日《きょう》はしっかり頼《たの》むぞ！
はいっ！

サッ
ぐっ
ただいま～
パタン…
ちゃぷん
今日《きょう》はうまく焼《や》けてよかった～
カリカリ
あきた♪
ガラッ
ぴょこっ

ぴょん
トン
ここ好《す》きだね～
ブルルッ
あっ そうだ
更新更新《こうしんこうしん》～♪
パシャリ
今日《きょう》はいい一日《いちにち》になってよかったー！
昨日《きのう》の名誉挽回《めいよばんかい》！
今日《きょう》は一緒《いっしょ》に半身浴《はんしんよく》♪
水嫌《みずぎら》いなのに水《みず》をさわる不思議《ふしぎ》なコ
あ
あのネコちゃんは～っと…
何回見《なんかいみ》てもホントそっくり!
更新《こうしん》されてる～♪
誕生日《たんじょうび》も一緒《いっしょ》だし運命感《うんめいかん》じるな～♪

ネコなのに水《みず》さわるって
すごいな！笑《わらい》
ポロン♪
反応早《はんのうはや》〜！
あははっ
よかったな
ふっ
今日《きょう》はいい一日《いちにち》になってよかったー！
昨日《きのう》の名誉挽回《めいよばんかい》
碧《あおい》、明日《あした》はもっといい一日《いちにち》にしような！会《あ》えるの楽《たの》しみだぜ〜
それにしても碧《あおい》のこの絵文字《えもじ》変《へん》だよな〜
ふふ

土曜日《どようび》
あはは
サミーまた変《へん》な寝方《ねかた》してる
くす
ねー
このコ変《か》わってるの
あ
でも最近《さいきん》チェックしてるフォトスタのネコちゃんも同《おな》じ寝方《ねかた》するコがいるよ！
そのコもサミーと同《おな》じ色《いろ》のスコティッシュでオッドアイなの！
あと誕生日《たんじょうび》も一緒《いっしょ》！
すごい偶然《ぐうぜん》だな！オレにも見《み》せてよ
うん

え
何《なに》が？
なになに？
からかってるの？
だって碧《あおい》の
アカウントじゃん！
サミーでしょ？
これ
え？
私《わたし》のアカウント
これじゃないよ
サミーに
そっくりだけど…
騙《だま》そうったって
そうはいかない
からな
だって
この日《ひ》のこれとか
これとか
碧《あおい》が投稿《とうこう》した
サミーでしょ？
水嫌《みずぎら》いなのに
水《みず》さわってるし…

ほんとに違《ちが》うのっ
え？
ほらっ
私《わたし》のアカウントはこれ！
kii_rome_cat
それにこの前《まえ》コメントくれたじゃん！
え？
コメントなんてしてないよ？
仕返《しかえ》し？
この〝KG《ケージー》〟って「KEIGO《ケイゴ》」でしょ？
……

だれかのアカウント
ao_iro_omeme
え？
碧《あおい》のアカウント
kii_rome_cat
じゃあオレ
今《いま》まで知《し》らない人《ひと》のアカウントを私《わたし》だと思《おも》いこんでたの
こんな偶然《ぐうぜん》ってある？
ネコの見《み》た目《め》もクセも一緒《いっしょ》で
しかも碧《あおい》がよく使《つか》う絵《え》文《も》字《じ》の組《く》み合《あ》わせとか仕事《しごと》のことまでそっくりって…
…もしかして…
はっ
……
私《わたし》この人《ひと》に連絡《れんらく》とってみる！

うちのイタリアンに来《き》てくれるって言《い》ってたけど
3時間《じかん》もかかるみたい…
もうすぐ着《つ》くころかな
Lunch
Dolce.
なんか緊張《きんちょう》してき――…
ぱっ
やっぱり!!

やっぱり…あなた…
希衣《きい》でしょ？
うそ…碧《あおい》…？
？
どういうこと？
知り合《しあ》いだったの？
でもなんでそっくり…？
あはっ
あははっ

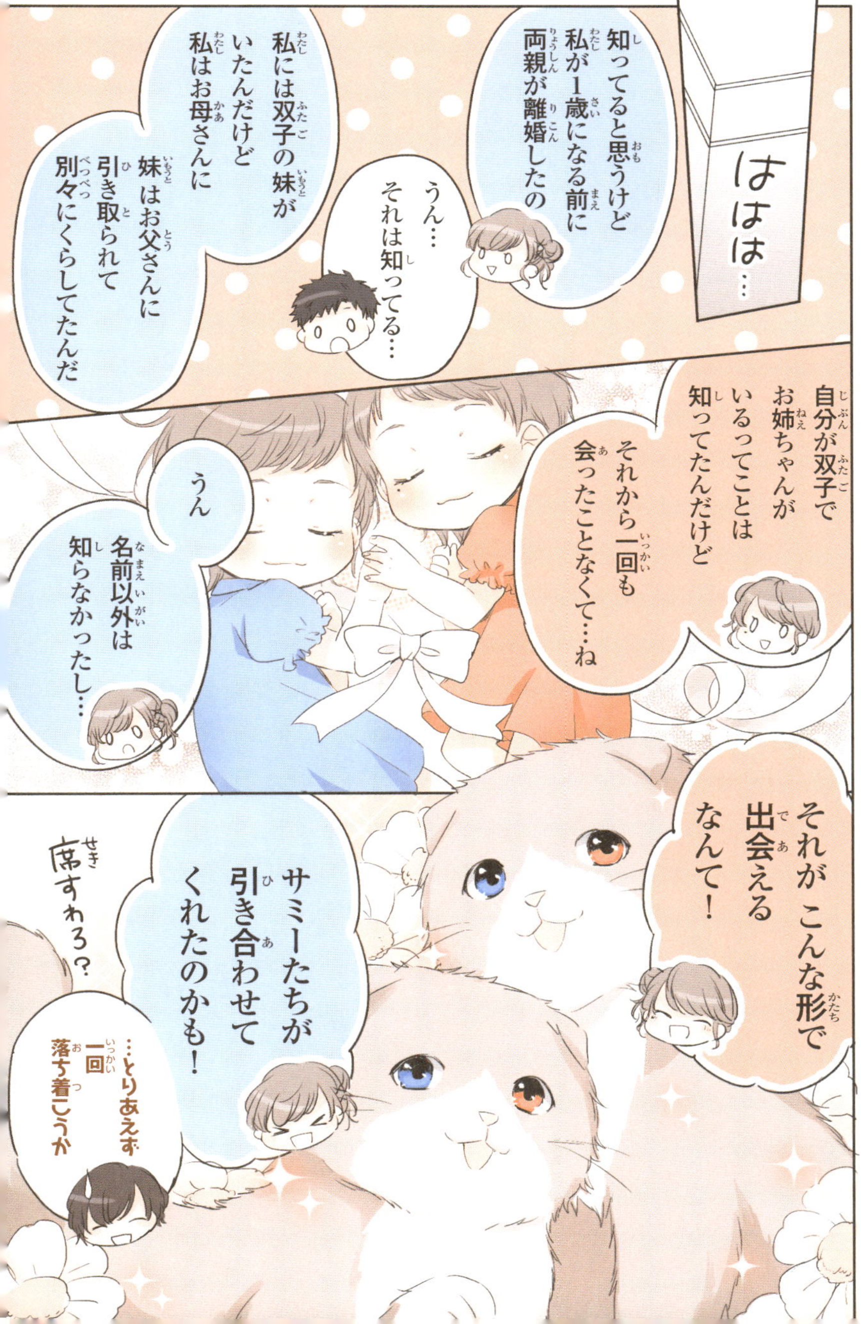
ははは…
知《し》ってると思《おも》うけど 私《わたし》が1歳《さい》になる前《まえ》に 両親《りょうしん》が離婚《りこん》したの
うん… それは知《し》ってる…
私《わたし》には双子《ふたご》の妹《いもうと》が いたんだけど 私《わたし》はお母《かあ》さんに 妹《いもうと》はお父《とう》さんに 引《ひ》き取《と》られて 別々《べつべつ》にくらしてたんだ
自分《じぶん》が双子《ふたご》で お姉《ねえ》ちゃんが いるってことは 知《し》ってたんだけど それから一回《いっかい》も 会《あ》ったことなくて…ね
うん 名前《なまえ》以外《いがい》は 知《し》らなかったし…
それがこんな形《かたち》で 出会《であ》える なんて！
サミーたちが 引《ひ》き合《あ》わせて くれたのかも！
席《せき》すわろ？
…とりあえず 一回《いっかい》 落《お》ち着《つ》こうか

ってことは
オレも健吾《けんご》くんも
お互《たが》い
まちがったアカウントを
見《み》てたってことなんだ…
見《み》てた
圭吾《けいご》
希衣《きい》のフォトスタ
碧《あおい》のフォトスタ
健吾《けんご》
見《み》てた
ふたりともって
またすごいよね
しかも
「圭吾《けいご》」と「健吾《けんご》」も
ちょっと似《に》てるよね
どおりで圭吾《けいご》が
コメントしたのに
知《し》らないって
言《い》い張《は》るわけだよ～
あれは健吾《けんご》くんが
希衣《きい》だと思《おも》って
コメントしてたって
ことなんだね
そうみたいだね
ハハハ…
それと…
希衣《きい》は今《いま》
ここのイタリアンで
キッチンスタッフとして
働《はたら》いていて
私《わたし》は私《わたし》でカフェで
パティシエとして
働《はたら》いてる…
やっぱり双子《ふたご》は
似《に》てるのね

好《す》きなどうぶつも一緒《いっしょ》だし♪
kii_rome_cat
それに圭吾《けいご》と健吾君《けんごくん》が間違《まちが》ってくれてなかったら…って思《おも》うと
健吾《けんご》のコメント
おはよ！昨日《きのう》は大変《たいへん》だった
なんでもオレに相談《そうだん》しろ
なんか運命的《うんめいてき》♪
碧《あおい》、明日《あした》はもっといい一日《いちにち》にしような！会《あ》えるの楽《たの》しみだぜ～
圭吾《けいご》のメッセ
ao_iro_omeme
ちょっとまって…ねぇ
一応《いちおう》聞《き》くけど
サミーのブリーダーさんって…
……藤沢市《ふじさわし》の三上《みかみ》さん！

プッ
うそでしょー!?
ってことは誕生日《たんじょうび》が一緒《いっしょ》だし
双子《ふたご》ってこと?
すごすぎ!
もしかして
サッシーの名前《なまえ》って食《た》べ物《もの》が由来《ゆらい》?
うん さしみが好《す》きだからサッシー
もしかして…また?
うん ササミが好《す》きだからサミーなの!
わたしたちまた出会《であ》える運命《うんめい》だったんだね
どのシーンが碧《あおい》で
どのシーンが希衣《きい》か
わかったかな?
♥髪型《かみがた》
♥目《め》の下《した》のほくろ
♥テーマカラー
(碧《あおい》は青《あお》・希衣《きい》はオレンジ)
3つのちがいに注目《ちゅうもく》して
もう一度《いちど》読《よ》んでみてね♪

あきらめないキセキ

第《だい》32話《わ》 めざせ、災《さい》害《がい》救《きゅう》助《じょ》犬《けん》！

マルを災害救助犬《さいがいきゅうじょけん》にする、と意気込《いきご》む沙羅《さら》だけど…。

沙羅《さら》のお父《とう》さんが、消防団《しょうぼうだん》のはっぴをはおりながら、お母《かあ》さんにいった。
「山田《やまだ》さんちの子《こ》が、裏山《うらやま》で迷子《まいご》になったらしい。探《さが》しに行《い》ってくる」
沙羅《さら》は、ソファから立《た》ちあがった。
「それって、瑞樹《みずき》くんのこと？」
「ああ」
瑞樹《みずき》は沙羅《さら》と同《おな》じ登校班《とうこうはん》で、一年生《いちねんせい》の男《おとこ》の子《こ》だ。
「わたしも行《い》く！」
沙羅《さら》はお父《とう》さんといっしょに、裏山《うらやま》に向《む》かった。
日没《にちぼつ》からすでに3時間《じかん》がたっている。

（こんな暗《くら》いなか、瑞樹《みずき》くんはひとりぼっちでいるんだ。こわいだろうな）
裏山《うらやま》の手前《てまえ》にある広場《ひろば》に着《つ》くと、懐中電灯《かいちゅうでんとう》を持《も》った人々《ひとびと》が集《あつ》まっていた。
「状況《じょうきょう》は？」
お父《とう》さんがたずねると、消防団員《しょうぼうだんいん》の仲間《なかま》が答《こた》えた。
「捜索隊第一班《そうさくたいだいいっぱん》が探《さが》しているところだ。これから、第二班《だいにはん》が出発《しゅっぱつ》する。気温《きおん》が下《さ》がってきたからな。早《はや》く見《み》つけないと、命《いのち》に関《かか》わる」
命《いのち》に関《かか》わるという言葉《ことば》に、沙羅《さら》の足《あし》がふるえた。
「これから、お父《とう》さんも捜索隊《そうさくたい》として山《やま》に入《はい》る。沙羅《さら》は家《いえ》に帰《かえ》れ」
沙羅《さら》は、首《くび》を横《よこ》にふった。
「ここにいる！　瑞樹《みずき》くんが見《み》つかるまで、待《ま》ってる」
そのとき、トランシーバーで連絡《れんらく》をとっていた人《ひと》がさけんだ。
「見《み》つかったぞ！」
まわりから、ほっとした息《いき》とともに

「よかった」という声《こえ》がもれた。

しばらくして、捜索隊員《そうさくたいいん》が瑞樹《みずき》を背負《せお》って、山《やま》をおりてきた。

「瑞樹《みずき》くん！」

沙羅《さら》がかけよると、おぶわれた瑞樹《みずき》が、にこっと、ほほえんだ。

「ぼくのこと、チャッピーが見《み》つけてくれたんだよ」

「えっ、チャッピーが？」

トイプードルのチャッピーは、近所《きんじょ》に住《す》む本村夫人《もとむらふじん》の飼《か》い犬《いぬ》だ。

本村《もとむら》さんは、見守《みまも》りボランティアをしていて、毎朝《まいあさ》、チャッピーと横断歩道《おうだんほどう》に立《た》って、沙羅《さら》たち小学生《しょうがくせい》が登校《とうこう》するのを見守《みまも》ってくれていた。

（チャッピーが、瑞樹《みずき》くんを救《すく》ったなんて……）

本村《もとむら》さんとチャッピーが山《やま》をおりてくると、まわりの人《ひと》たちから拍手《はくしゅ》が起《お》きた。

「チャッピー、えらいぞ」

「チャッピーは瑞樹《みずき》の命《いのち》の恩人《おんじん》、いや恩犬《おんけん》だな」

沙羅《さら》の胸《むね》に、熱《あつ》いものがわき上《あ》がった。

「チャッピー、すごいね！」

沙羅《さら》がなでると、チャッピーはしっぽをふった。

本村《もとむら》さんは、目《め》にうかんだなみだをさっと、ぬぐった。

「チャッピーも、よろこんでいるわ。チャッピーはずっと災害救助犬《さいがいきゅうじょけん》の訓練《くんれん》をしてきて、今日《きょう》はじめて役《やく》に立《た》てたの」

「**災害救助犬**《さいがいきゅうじょけん》？ ……ってなんですか？」

「野山《のやま》で行方不明《ゆくえふめい》になった人《ひと》とか、地震《じしん》や土砂《どしゃ》くずれでこわれた建物《たてもの》の下《した》じきになったりした人《ひと》なんかを探《さが》す犬《いぬ》のことよ」

「そんなすごいこと、ふつうの犬《いぬ》ができるんですか？」

「ええ。人《ひと》が好《す》きで、遊《あそ》ぶのが好《す》きな犬《いぬ》は素質《そしつ》があるっていわれているわ」

沙羅《さら》は本村《もとむら》さんと一緒《いっしょ》に帰《かえ》りながら、聞《き》いた。

「うちのマルは柴犬《しばいぬ》なんですけど、マルでもチャッピーみたいになれるんですか？」

「訓練《くんれん》を受《う》ければね」

沙羅《さら》はマルの活躍《かつやく》を想像《そうぞう》して興奮《こうふん》した。

※ ※ ※

つぎの日曜日《にちようび》、沙羅《さら》は柴犬《しばいぬ》のマルを連《つ》れて、本村《もとむら》さんと一緒《いっしょ》にとなり町《まち》の空《あ》き地《ち》に行《い》った。訓練《くんれん》に参加《さんか》させてほしいとお父《とう》さんに頼《たの》んでもらったのだ。20人《にん》ぐらいの人《ひと》たちが、犬《いぬ》を連《つ》れて集《あつ》まっている。

本村《もとむら》さんが沙羅《さら》に、白髪《しらが》まじりの男性《だんせい》を紹介《しょうかい》した。

「こちらが、訓練《くんれん》の指導《しどう》をしてくださっている森口先生《もりぐちせんせい》。森口先生《もりぐちせんせい》は長《なが》いこと、警察犬《けいさつけん》や救助犬《きゅうじょけん》といった作業犬《さぎょうけん》の訓練《くんれん》、指導《しどう》をされているのよ」

沙羅《さら》は頭《あたま》をさげて、あいさつした。

「はじめまして。小宮山沙羅《こみやまさら》です。このコは、マルです。よろしくお願《ねが》いします」

森口先生《もりぐちせんせい》が、ほほえんだ。

「犬《いぬ》は本能的《ほんのうてき》に人《ひと》と一緒《いっしょ》に遊《あそ》ぶのが好《す》きだから、訓練《くんれん》も楽《たの》しくできるよ。まずは、犬《いぬ》がハンドラーの命令《めいれい》を聞《き》いて、命令《めいれい》どおりの動作《どうさ》ができるようにしようね」

ハンドラーは、犬《いぬ》に指示《しじ》を与《あた》える人《ひと》のこと。訓練《くんれん》の最初《さいしょ》は、ハンドラーの沙羅《さら》の左横《ひだりよこ》を、マルがついて歩《ある》くことからはじまった。しだいに、マルが沙羅《さら》とスピードを合《あ》わせて走《はし》れるようにしていく。

それができるようになると、「とまれ」「すわれ」「ふせ」「来《こ》い」という命令《めいれい》に従《したが》えるように訓練《くんれん》する。

沙羅《さら》とマルは2か月《げつ》ほどで基本動作《きほんどうさ》をマスターし、障害物《しょうがいぶつ》として板《いた》の台《だい》を乗《の》り越《こ》える練習《れんしゅう》に入《はい》った。

「※服従試験《ふくじゅうしけん》を受《う》けてみたら？」

本村《もとむら》さんのすすめで、沙羅《さら》とマルは服従試験《ふくじゅうしけん》の初級《しょきゅう》を受《う》けて合格《ごうかく》した。

「マルは、災害救助犬《さいがいきゅうじょけん》の素質《そしつ》がありそうね」

本村《もとむら》さんにいわれて、沙羅《さら》はほくほくした気持《きも》ちになった。

ところが、次《つぎ》の段階《だんかい》の訓練《くんれん》に入《はい》ったとたん、沙羅《さら》とマルの息《いき》が合《あ》わなくなった。

※犬《いぬ》がハンドラーの指示《しじ》に従《したが》った作業《さぎょう》ができるかどうかを実際《じっさい》にやってみせる試験《しけん》

救助活動《きゅうじょかつどう》は、土砂《どしゃ》や建物《たてもの》がくずれた場所《ばしょ》で行《おこな》うことが多《おお》い。そのため、災害救助犬《さいがいきゅうじょけん》は足《あし》もとが不安定《ふあんてい》な場所《ばしょ》や、せまくて暗《くら》い場所《ばしょ》も、平気《へいき》で歩《ある》けるようにならなければならない。

なのに、マルはドラム缶《かん》の上《うえ》に渡《わた》した板《いた》を渡《わた》る訓練《くんれん》で、足《あし》をかけるだけですぐにおりてしまった。

「マル、だいじょうぶよ」

沙羅《さら》はリードをひっぱったが、マルはドラム缶《かん》の前《まえ》で動《うご》かない。

沙羅《さら》がため息《いき》をつくと、本村《もとむら》さんがいった。

「プロの訓練士《くんれんし》が育《そだ》てる犬《いぬ》も、現場《げんば》に出《で》られるようになるまでは2～3年《ねん》はかかるのよ」

「プロで2～3年《ねん》なら、わたしは何年《なんねん》かかるんだろう。早《はや》く、本村《もとむら》さんとチャッピーみたいに活躍《かつやく》したいのに」

「わたしたちだって、5年《ねん》かかってやっとよ」

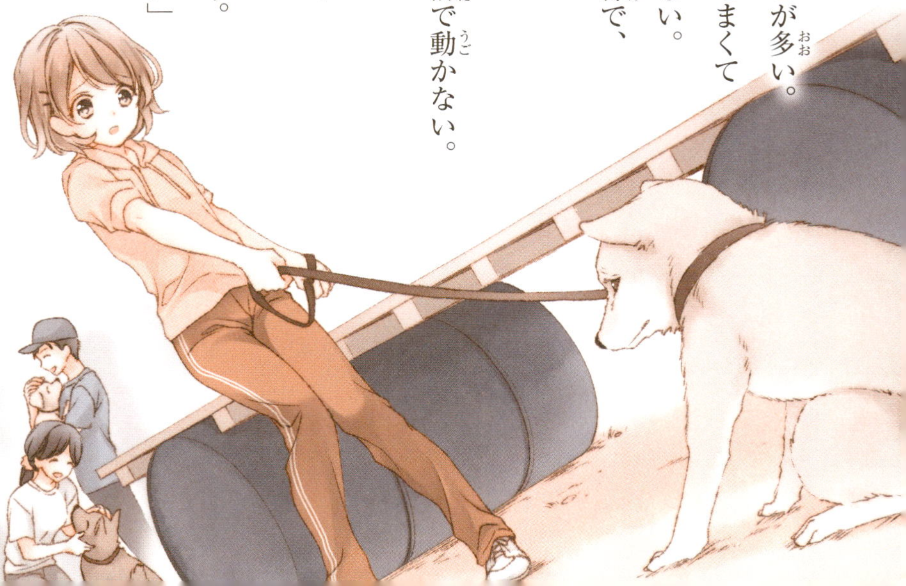

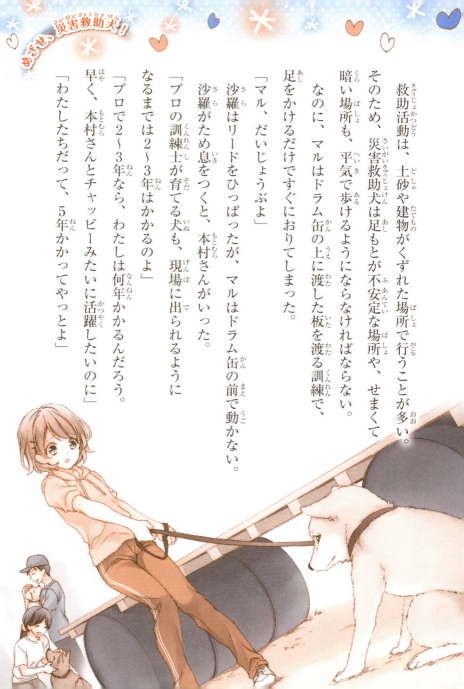

「5年《ねん》も……。なんで災害救助犬《さいがいきゅうじょけん》の訓練《くんれん》に参加《さんか》するようになったんですか？」
「新聞《しんぶん》で読《よ》んだの。地震《じしん》の土砂《どしゃ》くずれの現場《げんば》で救助犬《きゅうじょけん》が反応《はんのう》して、土砂《どしゃ》に埋《う》まった車《くるま》のなかから2歳《さい》の男《おとこ》の子《こ》が救出《きゅうしゅつ》されたって。生死《せいし》を分《わ》けるタイムリミットは、被災《ひさい》から72時間以内《じかんいない》といわれるけど、その時間《じかん》を超《こ》えて、92時間後《じかんご》に救出《きゅうしゅつ》されたそうよ」
「すごい、奇跡《きせき》だ……」
「わたしも、その記事《きじ》を読《よ》んだとき、すごいって感動《かんどう》してね。だれでも災害救助犬《さいがいきゅうじょけん》の訓《くん》練《れん》が受《う》けられるとわかって、参加《さんか》することにしたの。なにかあったとき、チャッピーと一緒《いっしょ》に、だれかの命《いのち》を救《すく》えたらいいなと思《おも》って」
「命《いのち》を救《すく》うかあ。かっこいい」
「瑞樹《みずき》くんのときは早《はや》く見《み》つけられてよかったけど、いつもうまくいくわけじゃないわ。大事《だいじ》なのは、犬《いぬ》と信頼関係《しんらいかんけい》を築《きず》くことなんですって。信頼《しんらい》するハンドラーの命令《めいれい》だから、犬《いぬ》は暗《くら》いところや、危《あぶ》ないところにも行《い》けるのよ」
「わたしは、まだマルに信頼《しんらい》されていないんだ……」

「沙羅《さら》ちゃんがマルと遊《あそ》ぶつもりで訓練《くんれん》すれば、マルも楽《たの》しくなるわ。楽《たの》しい気持《きも》ちが、人《ひと》を探《さが》したい、助《たす》けたいって思《おも》いになっていくのよ」

「そっか」

沙羅《さら》は気《き》を取《と》り直《なお》してマルと追《お》いかけっこをし、そのつづきで、板《いた》を渡《わた》るのにさそってみた。

すると、マルがひょいっと、板《いた》に飛《と》び乗《の》った。すたすたと渡《わた》りきる。

「やった！　マル」

沙羅《さら》が抱《だ》きしめると、マルはうれしくてたまらないというように、しっぽをふった。

※　※　※

つぎの週《しゅう》、沙羅《さら》は、ビルの解体工事現場《かいたいこうじげんば》で行《おこな》われる捜索訓練《そうさくくんれん》を見《み》に行《い》った。

この訓練《くんれん》には、上級《じょうきゅう》の試験《しけん》に合格《ごうかく》して、さらに訓練《くんれん》を積《つ》んだハンドラーと犬《いぬ》でないと、参加《さんか》できない。

沙羅《さら》がヘルメットをかぶって、仮囲《かりがこ》いをめぐらされた敷地《しきち》に入《はい》ると、たくさんのがれきの向《む》こうに、途中《とちゅう》までこわされたビルがあった。
「わあ、本格的《ほんかくてき》！」
沙羅《さら》はわくわくした。
つなぎとヘルメットをつけた人《ひと》たちがそれぞれの位置《いち》について、訓練《くんれん》がはじまる。トランシーバーで、リーダーから指示《しじ》が出《で》ると、ハンドラーが命令《めいれい》した。
「さがせ！」
中型犬《ちゅうがたけん》ミックスのクリが、ビルに近《ちか》づいていく。がれきの上《うえ》にのぼったとき、

グラッ。

がれきがくずれ、クリがすべり落《お》ちた。が、すぐに体勢《たいせい》を立《た》て直《なお》して捜索《そうさく》をつづけた。
ビルのなかに入《はい》って数分後《すうふんご》、クリのほえる声《こえ》が聞《き》こえてきた。
ハンドラーが場所《ばしょ》を確認《かくにん》して、トランシーバーでリーダーに伝《つた》える。かくれていた人《ひと》が救出《きゅうしゅつ》され、ハンドラーがクリをなでてほめた。

「私《わたし》も、やってみたい」

マルを連《つ》れて、がれきのほうへふみだしたとたん、森口先生《もりぐちせんせい》のどなり声《こえ》がひびいた。

「こらっ、勝手《かって》な行動《こうどう》をするな！　遊《あそ》びじゃないんだ」

沙羅《さら》がびくっと立《た》ち止《ど》まる。森口先生《もりぐちせんせい》はふーっと、息《いき》をついた。

「災害現場《さいがいげんば》では、災害対策本部《さいがいたいさくほんぶ》の指示《しじ》に従《したが》って行動《こうどう》しなければならない。現場《げんば》は、救助《きゅうじょ》する側《がわ》にとっても、危険《きけん》な場所《ばしょ》だ。人《ひと》を助《たす》ける前《まえ》に、自分《じぶん》と犬《いぬ》の安全《あんぜん》も守《まも》れるように判《はん》断《だん》しないといけないんだぞ」

沙羅《さら》は、はっとした。

（私《わたし》は、マルの命《いのち》もあずかっているんだ）

「すみませんでした」

沙羅《さら》があやまると、森口先生《もりぐちせんせい》はやさしくほほえんだ。

「いつか出番《でばん》がくる。それまで、じっくり訓練《くんれん》を重《かさ》ねていこうな」

沙羅《さら》は「はいっ」と、強《つよ》くうなずいた。

青空純《あおぞらじゅん》の研究《けんきゅう》レポート 3

救助犬《きゅうじょけん》の活動《かつどう》って？

実際《じっさい》に災害《さいがい》が起《お》きたときに、救助犬《きゅうじょけん》が現場《げんば》でどのような活動《かつどう》をするのか調《しら》べました。

被災地《ひさいち》へ出発《しゅっぱつ》

ハンドラー（飼《か》い主《ぬし》）と犬《いぬ》、そのほかサポートする人《ひと》で集《あつ》まり、被災地《ひさいち》へ移動《いどう》します。

捜索《そうさく》をスタート

現場《げんば》へ行《い》き、指揮本部《しきほんぶ》の指示《しじ》のもと捜索《そうさく》を開始《かいし》。倒《たお》れた建物《たてもの》やがれきなどの間《あいだ》を、ハンドラーと犬《いぬ》は一緒《いっしょ》になって行方不明者《ゆくえふめいしゃ》を探《さが》します。人間《にんげん》が入《はい》れるギリギリまでは行動《こうどう》をともにし、犬《いぬ》しか入《はい》れないところは救助犬《きゅうじょけん》が調査《ちょうさ》。もし人《ひと》を見《み》つけたら吠《ほ》えて知《し》らせます。

現地《げんち》にとどまり活動《かつどう》

テントをはるなどして宿泊《しゅくはく》。何日《なんにち》も現地《げんち》にとどまり、捜索《そうさく》を続《つづ》けます。

持《も》っていくものの一例《いちれい》

ハンドラー（飼《か》い主《ぬし》）

ヘルメット
ゴーグル
ヘッドライト
リュック
（救急用品《きゅうきゅうようひん》など）
マスク
携帯電話《けいたいでんわ》／無線機《むせんき》
ウエスト
ポーチ
手袋《てぶくろ》
パッド

犬《いぬ》のもの

犬《いぬ》の水《みず》、エサ、犬用《いぬよう》ブーツ※、犬用《いぬよう》のソフトケージ、リードやハーネス（ベストのような胴輪《どうわ》のこと）※など

メモ

※ 犬用《いぬよう》ブーツ
犬《いぬ》は足《あし》の裏《うら》で地面《じめん》の状況《じょうきょう》などいろいろな情報《じょうほう》をキャッチしているので、はかせると余計《よけい》危《あぶ》ないことも。歩《ある》く場所《ばしょ》が高温《こうおん》な場合《ばあい》は、はかせます。

※リードやハーネスなど
リードやハーネス、首輪《くびわ》などをつけたまま災害《さいがい》現場《げんば》に入《はい》ると、ひっかかって危険《きけん》です。現場《げんば》ではなにもつけないことが基本《きほん》です。

第《だい》33話《わ》 キミの見《み》ている世界《せかい》 ～和田《わだ》さん家《ち》の愛猫《あいびょう》・メイ～

ネコは人間《にんげん》を「人間《にんげん》」という別《べつ》の生《い》き物《もの》ではなく、「自分《じぶん》と同《おな》じネコで、ちょっと大《おお》きい種類《しゅるい》」と思《おも》っているといいます。それは和田《わだ》さん家《ち》のメイも同《おな》じで…。

最近増《さいきんふ》えた
この子《こ》ネコ…
ふぇ…
ぎゃーん
すぐ泣《な》いて
うるさいから
近《ちか》づかないで
おきましょ
きゃっ
きゃっ
何《なに》するのよ
この子《こ》ネコ!!
むぎゅ!
ギャッ

少《すこ》し大《おお》きくなったけどまだ小《ちい》さいし手《て》は出《だ》せないわね…
きゃっきゃっ
イタタ…
私《わたし》はおもちゃじゃないっての！
あ〜ん
たたたっ
ぽとん
3
7
メイ遊《あそ》んであげる！
しょうがないわね…

こんなに大《おお》きくなったのに
まだ狩《か》りのしかた覚《おぼ》えないいんだから…!
ぱしっ!
またメイの勝《か》ちだね!
ほら!こうやって狩《か》るのよ!
ぎゃー!!
ママ!私《わたし》のベットの上《うえ》に!
セミの死《し》がい～
またメイのしわざね!!
私《わたし》のおやつわけてあげたわよ
ふぅ…

メ～イ♡
一緒《いっしょ》に寝《ね》よ！
ぎゅ～～♡
んも～
今《いま》からが活動時間《かつどうじかん》なのに…
メイふかふか～♡
自由《じゆう》にさせてっ！
あ～ん メイ～！
ずるい－！ ぼくがいっしょに寝《ね》るんだ－！
げっ めんどくさいやつが来《き》た！

ぴょーん
逃《に》げないでよ!
あ、パル!
パルは一緒《いっしょ》に寝《ね》てくれるよね?
ワン!
わ〜い!
これから3年《ねん》がたち…
ただいま〜
よーし
すりすりしちゃおっ!
たっ

がしっ!!
何《なに》やってるのメイ？
あれ？あれ？肩《かた》に届《とど》かないわ
いつもみたいに肩《かた》に乗《の》ればいいのに
あまえてるの？
ちょっと失敗《しっぱい》しちゃった
ペロペロペロ…
今《いま》までかんたんにできてたのに…

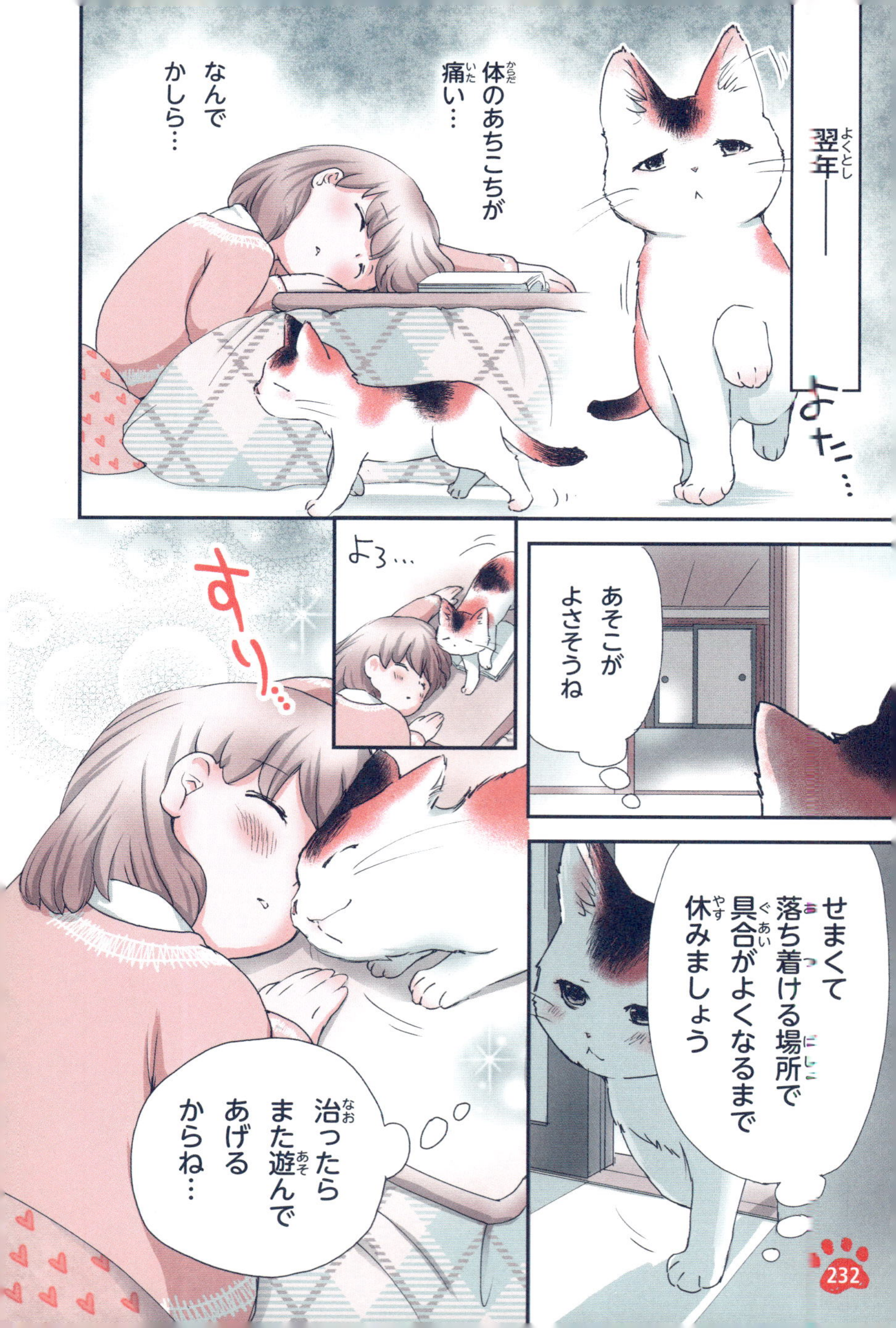
翌年《よくとし》――
よた…
体《からだ》のあちこちが痛《いた》い…
なんでかしら…
あそこがよさそうね
よろ…
すり…
せまくて落《お》ち着《つ》ける場所《ばしょ》で具合《ぐあい》がよくなるまで休《やす》みましょう
治《なお》ったらまた遊《あそ》んであげるからね…

私《わたし》しばらくひとりで休《やす》むから
にゃーん…
あのコのお世話《せわ》よろしくね
なぜかしら…
昔《むかし》のことばかり思《おも》い出《だ》すわ…
あのコ…甘《あま》えん坊《ぼう》でよく泣《な》いてた…
大《おお》きくなってもまだまだ狩《か》りがヘタで
セミの一匹《いっぴき》もとれないのに一人前《いちにんまえ》になれるのかしら…

置《お》いておいた
おやつ…
しばらくそれで
がまんしてね…
コッ…
ん…？
メイの
ねずみ…
遊《あそ》ぼうって
さそってるの？
ねえ メイ
メイー？
メイー？
どこにいるのー？

わたしをみつけても
さみしがらないで
泣《な》き顔《がお》なんて
あなたらしくないよ

心《こころ》はずっと
そばにあるから

第《だい》34話《わ》 キミの見《み》ている世界《せかい》 ～和田《わだ》さん家《ち》の愛犬《あいけん》・パル～

犬《いぬ》は人間《にんげん》を「自分《じぶん》のご主人《しゅじん》（リーダー）」として見《み》ており、心《こころ》に決《き》めた人《ひと》には忠実《ちゅうじつ》によりそいます。和田《わだ》さん家《ち》のパルの場合《ばあい》も大好《だいす》きなのはパパとママ、そして…。

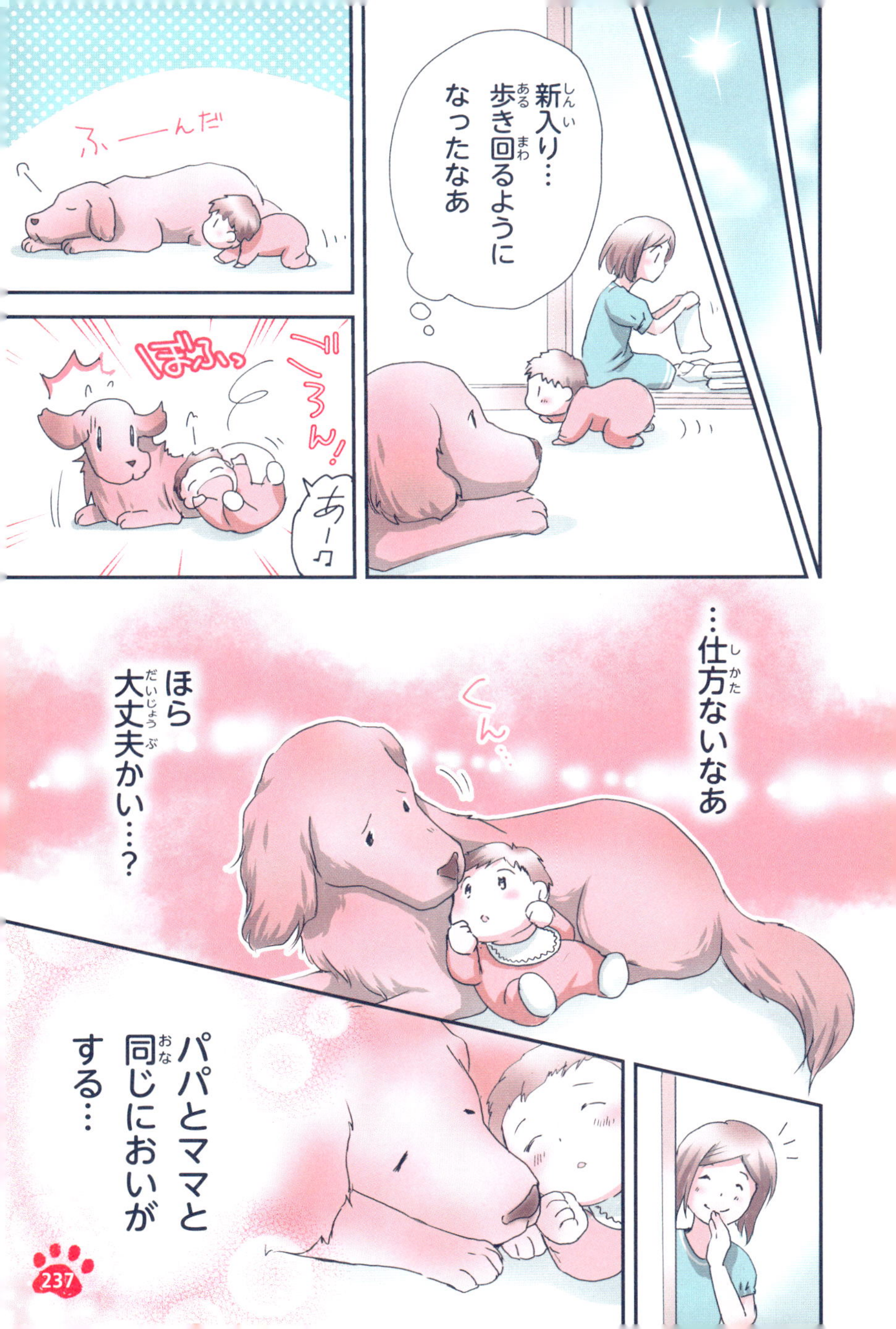
新《しん》入《い》り…
歩《ある》き回《まわ》るように
なったなあ
ふ――んだ
ぼふっ
ごろん!
あー♪
…仕方《しかた》ないなあ
くん…
ほら
大丈夫《だいじょうぶ》かい…?
パパとママと
同《おな》じにおいが
する…

パル お手《て》!!
はいっ
とって きて～
まかせて！
ボール ちょうだい
ぺろ～
ほら 離《はな》してよ パル～！
これはぼくの だもん!!
もうっ
ランドセルも 片《かた》づけ ないで～！

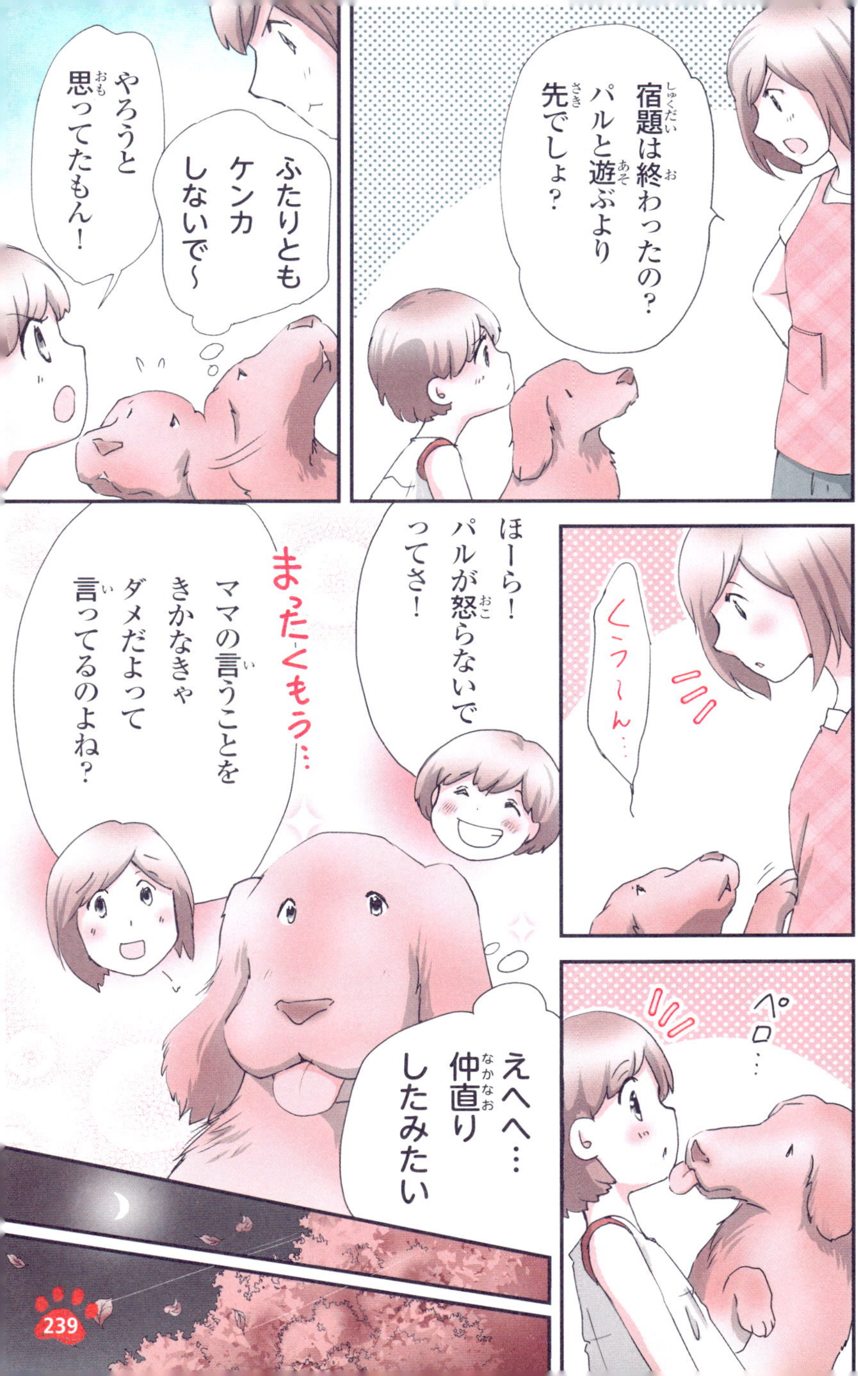
宿題《しゅくだい》は終《お》わったの？ パルと遊《あそ》ぶより 先《さき》でしょ？
ふたりとも ケンカ しないで～
やろうと 思《おも》ってたもん！
くぅ～ん…
ほーら！ パルが怒《おこ》らないで ってさ！
まったくもう…
ママの言《い》うことを きかなきゃ ダメだよって 言《い》ってるのよね？
ペロ…
えへへ… 仲直《なかなお》り したみたい

と、と、と、…
メイズルい！
ボクだって一緒《いっしょ》に寝《ね》たいのに！
むっ
ふいっ
ぴょ〜ん
あ！パル！

パルは一緒《いっしょ》に寝《ね》てくれるよね？
やった！うれしい〜！
パル だーい好《す》き！
ボクも！
一緒《いっしょ》だとあったかいなぁ…
3年後《ねんご》——
白《しろ》い毛《け》増《ふ》えたね…

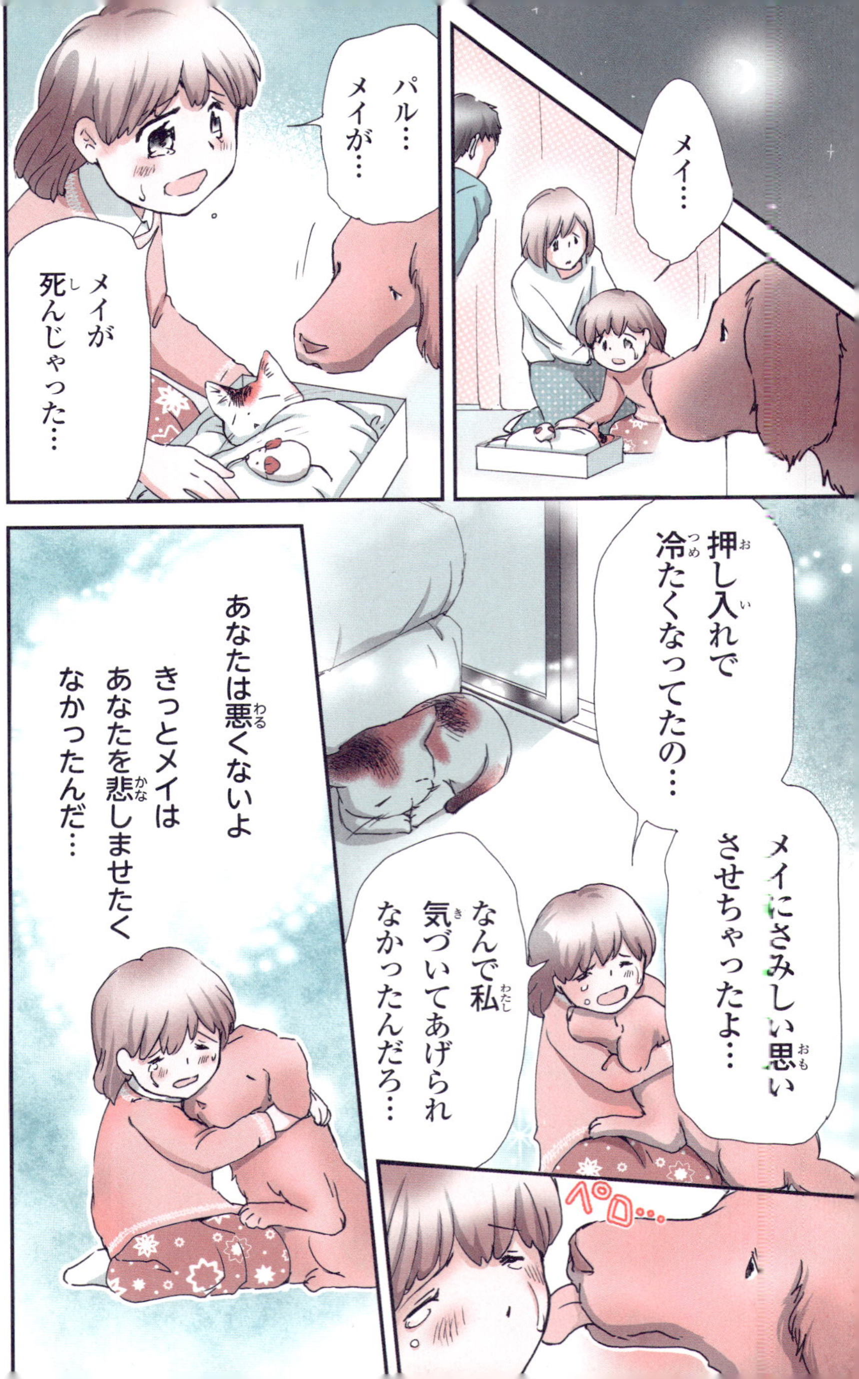
メイ…
パル…メイが…
メイが死《し》んじゃった…
押《お》し入《い》れで冷《つめ》たくなってたの…
メイにさみしい思《おも》いさせちゃったよ…
なんで私《わたし》気《き》づいてあげられなかったんだろ…
あなたは悪《わる》くないよ
きっとメイはあなたを悲《かな》しませたくなかったんだ…
ペロ…

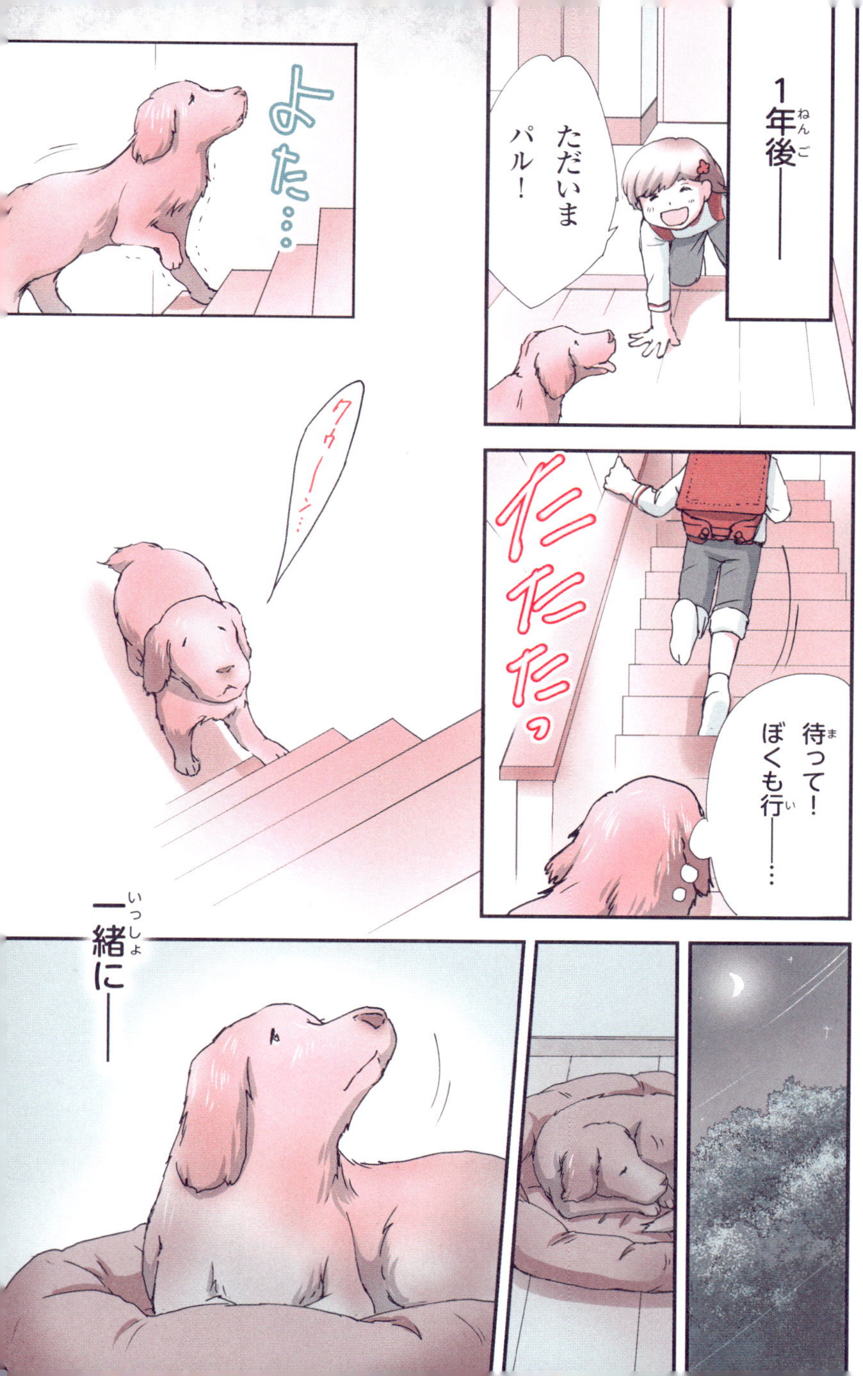
1年後《ねんご》――
ただいま パル！
よた…
たたたっ
待《ま》って！ ぼくも行《い》――…
クゥーン…
一緒《いっしょ》に――

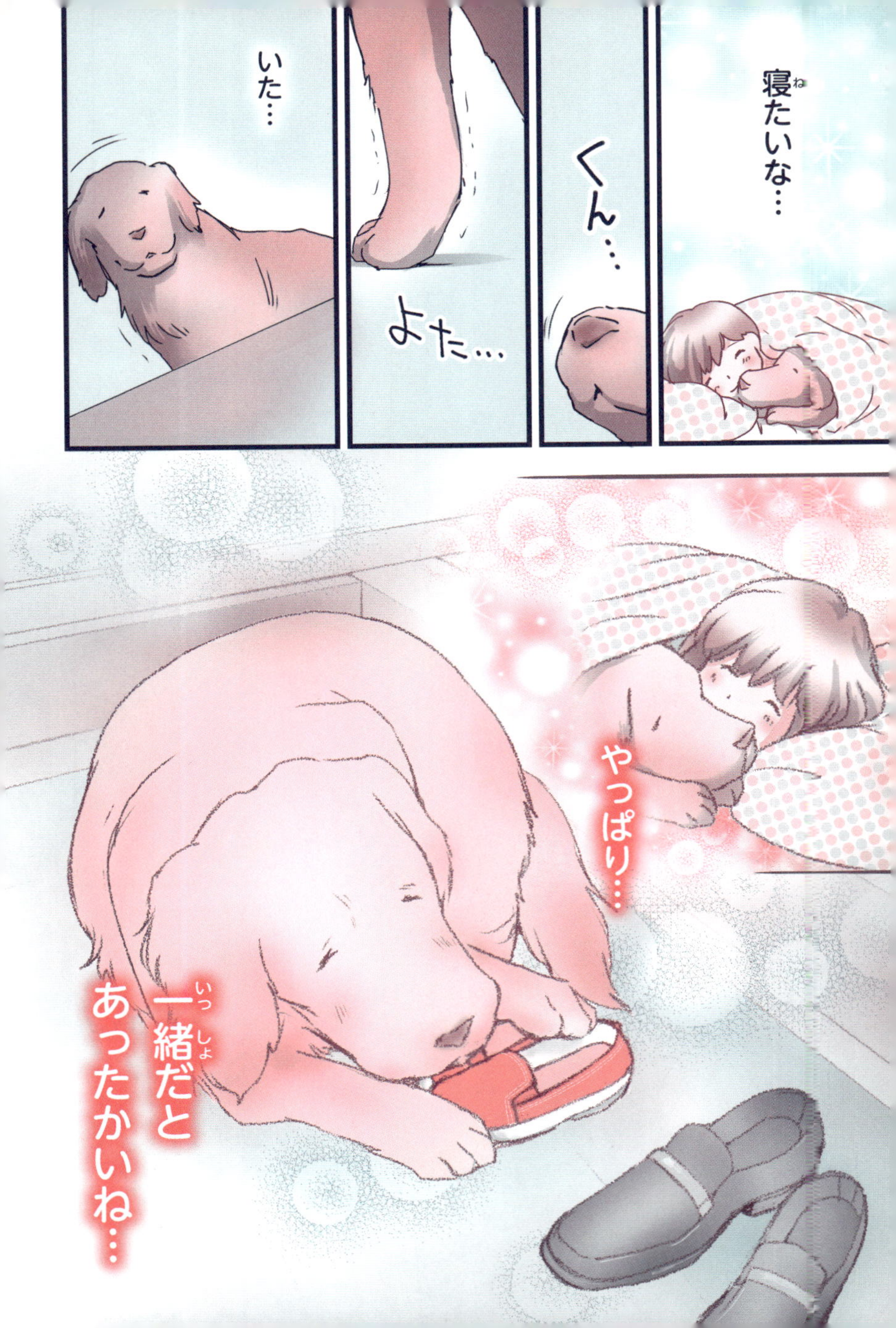
寝《ね》たいな…
くん…
よた…
いた…
やっぱり…
一緒《いっしょ》だと
あったかいね…

きみのぬくもり…

ぼくをよぶ声《こえ》…

全部《ぜんぶ》が大好《だいす》きなんだ

ぼくにいっぱいの愛情《あいじょう》を

ありがとう

〜キミの見《み》ている世界《せかい》〜
なつみが見《み》ていたメイとパル
じゃあ今日《きょう》はママが飼《か》ってたネコちゃんとワンちゃんのお話《はなし》しよっか
うん！
気分屋《きぶんや》だけど本当《ほんとう》はやさしいネコのメイと
あまえんぼうで遊《あそ》んでほしがりの犬《いぬ》のパルがいてね……
2匹《ひき》とも元気《げんき》でとっても長生《ながい》きしてくれたのよ
メイは天国《てんごく》に旅立《たびだ》つとき ママのためにねずみのおもちゃを置《お》いていってくれたの

パルはね…
ママのくつを抱《だ》きしめるように眠《ねむ》っていたわ
パル…ママのこと探《さが》してたのかな
きっと…ね
天国《てんごく》に行《い》ってしまったのはさみしいけど…
メイとパルに出会《であ》って家族《かぞく》になって
ママたくさんの笑顔《えがお》と幸《しあわ》せをもらったわ…
あのねずみとくつはママの宝物《たからもの》だね

メイとパルとの思《おも》い出《で》は
今《いま》もいろあせることがなくて
私《わたし》の気持《きも》ちを
あたたかくつつんでくれる
大好《だいす》きだよ
いつまでもずっと
そうよ
大切《たいせつ》な宝物《たからもの》…

第《だい》35話《わ》

出会《であ》いのキセキ

あなたに会《あ》いたい…

新《あたら》しく家族《かぞく》になったレオ。でも、どこかさみしそうで…。

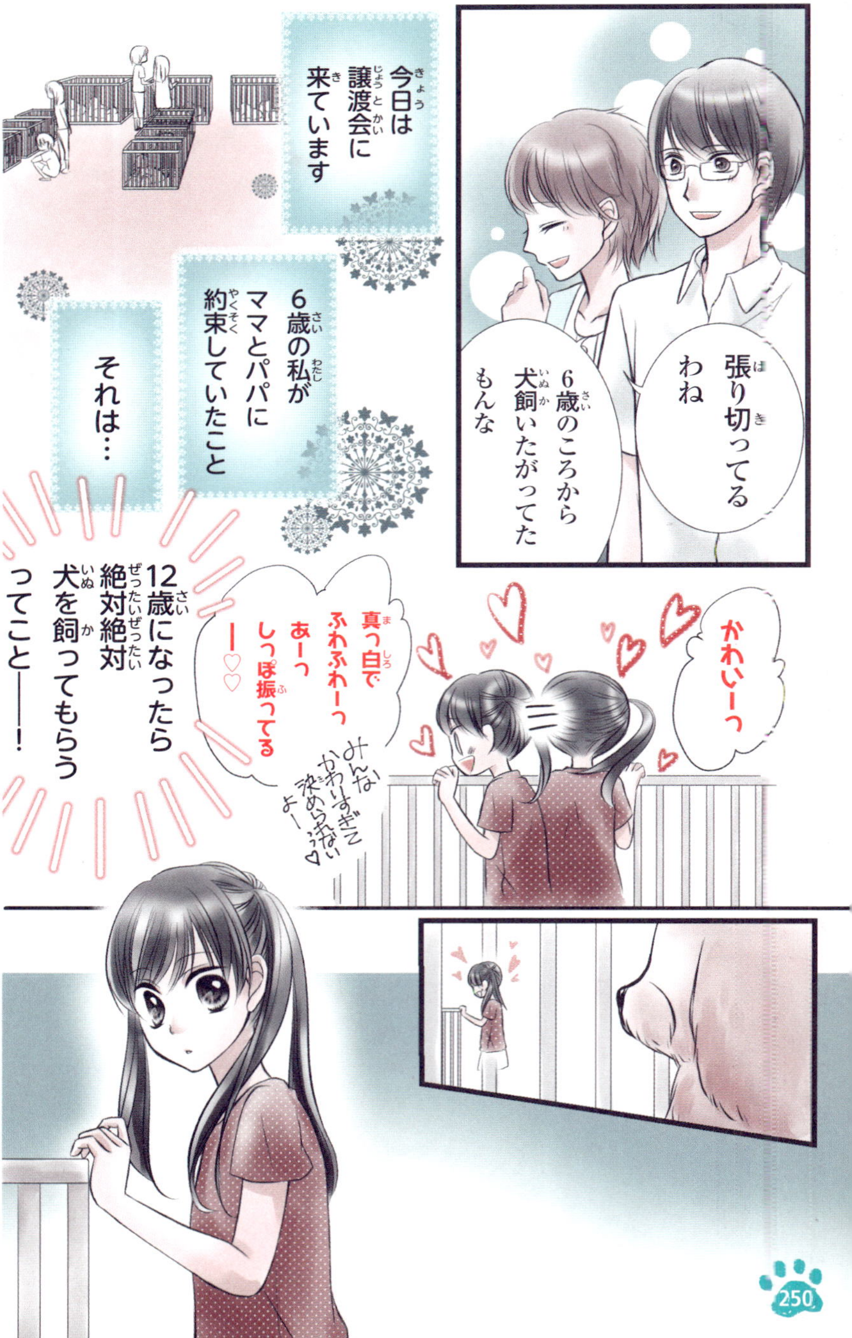
張《は》り切《き》ってるわね
6歳《さい》のころから犬飼《いぬか》いたがってたもんな
今日《きょう》は譲渡会《じょうとかい》に来《き》ています
6歳《さい》の私《わたし》がママとパパに約束《やくそく》していたこと
それは…
12歳《さい》になったら絶対絶対《ぜったいぜったい》犬《いぬ》を飼《か》ってもらうってこと――!
かわいーっ
真《ま》っ白《しろ》でふわふわーっ あーっしっぽ振《ふ》ってるーー♡♡
みんなかわいすぎて決《き》められないよーっ♡

このコはもともと飼《か》い犬《いぬ》だったみたいなの
ちょっと触《さわ》ってみる？
STAFF
ほら…かわいいでしょ
咲《さき》 そのコが気《き》に入《い》ったの？
ママ見《み》て！

レオにそっくり！
あら本当《ほんとう》ねっ
レオは私《わたし》の3歳《さい》の誕生日《たんじょうび》にパパがプレゼントしてくれたぬいぐるみ
いつもどこに行《い》くのも一緒《いっしょ》だった
だけどいつの日《ひ》からだったかどんなに探《さが》しても見《み》つからなくなって…
3日後《かご》――…
レオ！いらっしゃい!!今日《きょう》からここがレオの家《いえ》だよ！
よかったわね咲《さき》
キョロ キョロ
こんなにかわいい犬《いぬ》どうして捨《す》てられたり――
パパ！やめてっ

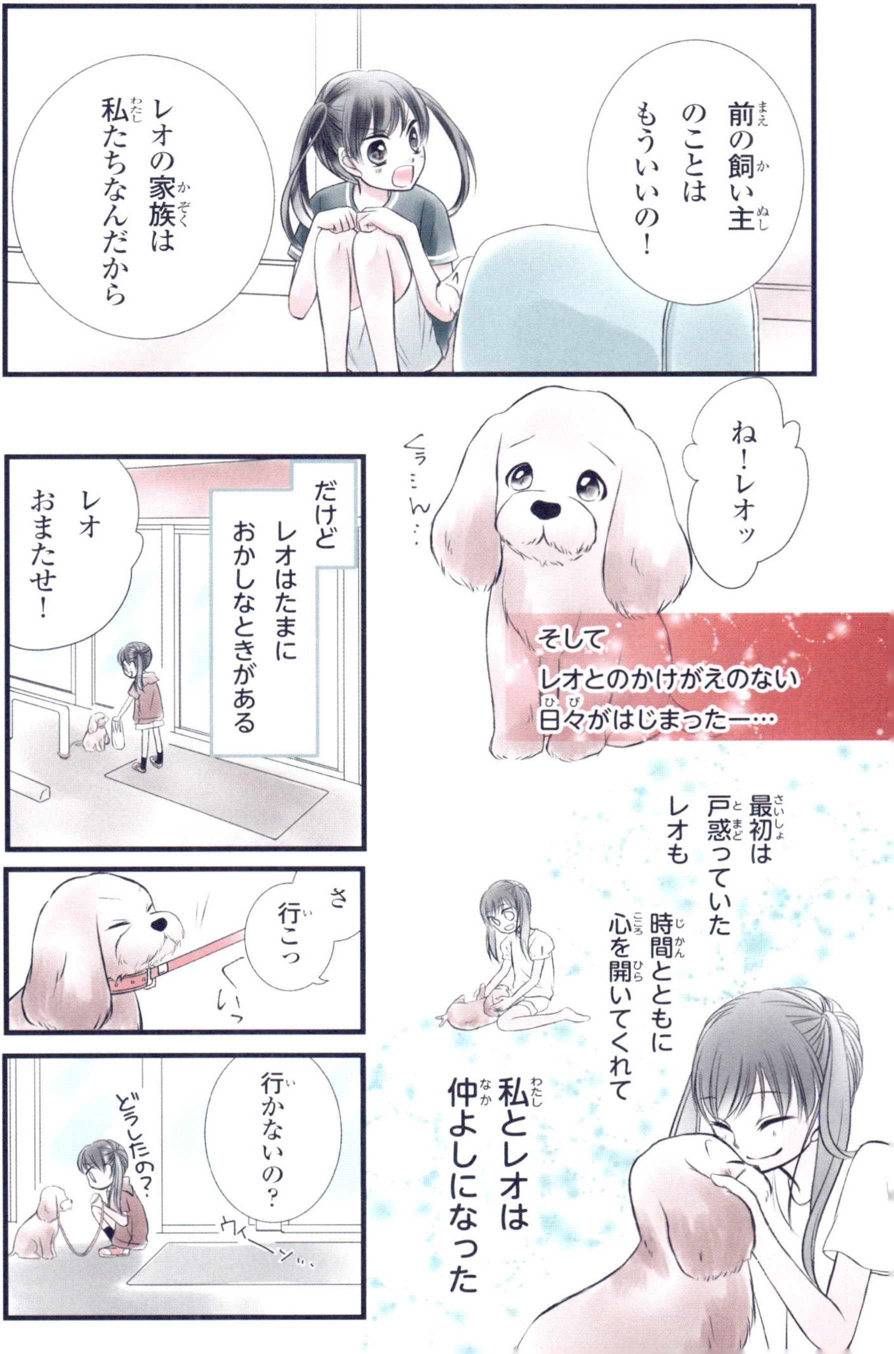
前《まえ》の飼《か》い主《ぬし》のことはもういいの！
レオの家族《かぞく》は私《わたし》たちなんだから
ね！レオッ
くぅ〜ん…
そして
レオとのかけがえのない
日々《ひび》がはじまった――…
最初《さいしょ》は戸惑《とまど》っていたレオも
時間《じかん》とともに心《こころ》を開《ひら》いてくれて
私《わたし》とレオは仲《なか》よしになった
だけどレオはたまにおかしなときがある
レオおまたせ！
さ 行《い》こっ
くいっ
行《い》かないの？
どうしたの？
ウィーン…

あはは
わっ!
もうっ! レオ〜〜っ
制服《せいふく》を着《き》た お姉《ねえ》さんを見《み》て 追《お》いかけそうに なったり
テレビで流《なが》れる クラシック コンサートに 反応《はんのう》して ほえ続《つづ》けたり…
いつも なにかを 探《さが》してる みたいに…
レオが来《き》て 半年《はんとし》が過《す》ぎたころ――…
今日《きょう》は 新《あたら》しいコースで お散歩《さんぽ》してみよ!
わんっ
ピタッ

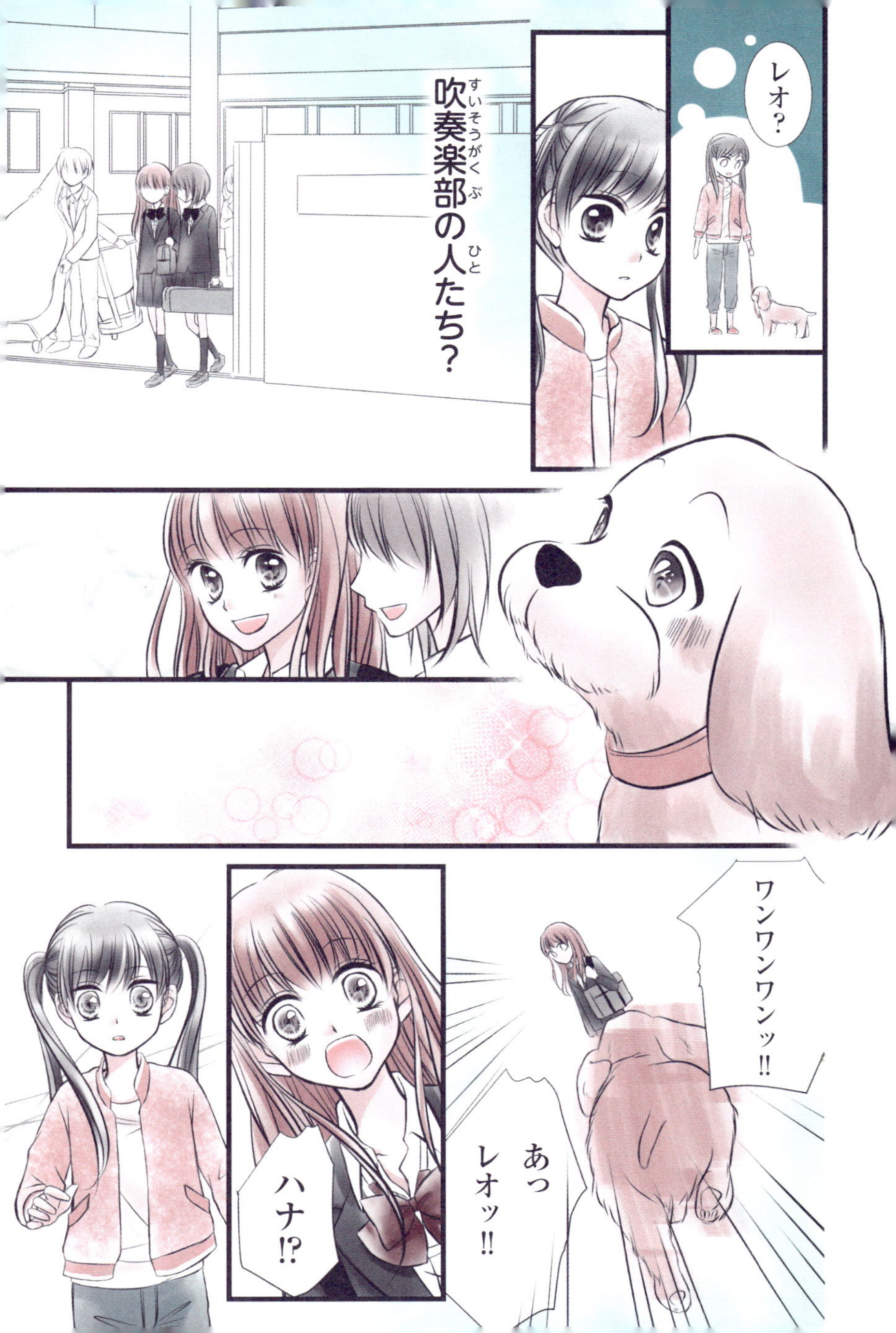
レオ？
吹奏楽部《すいそうがくぶ》の人《ひと》たち？
ワンワンワンッ!!
あっ
レオッ!!
ハナ!?

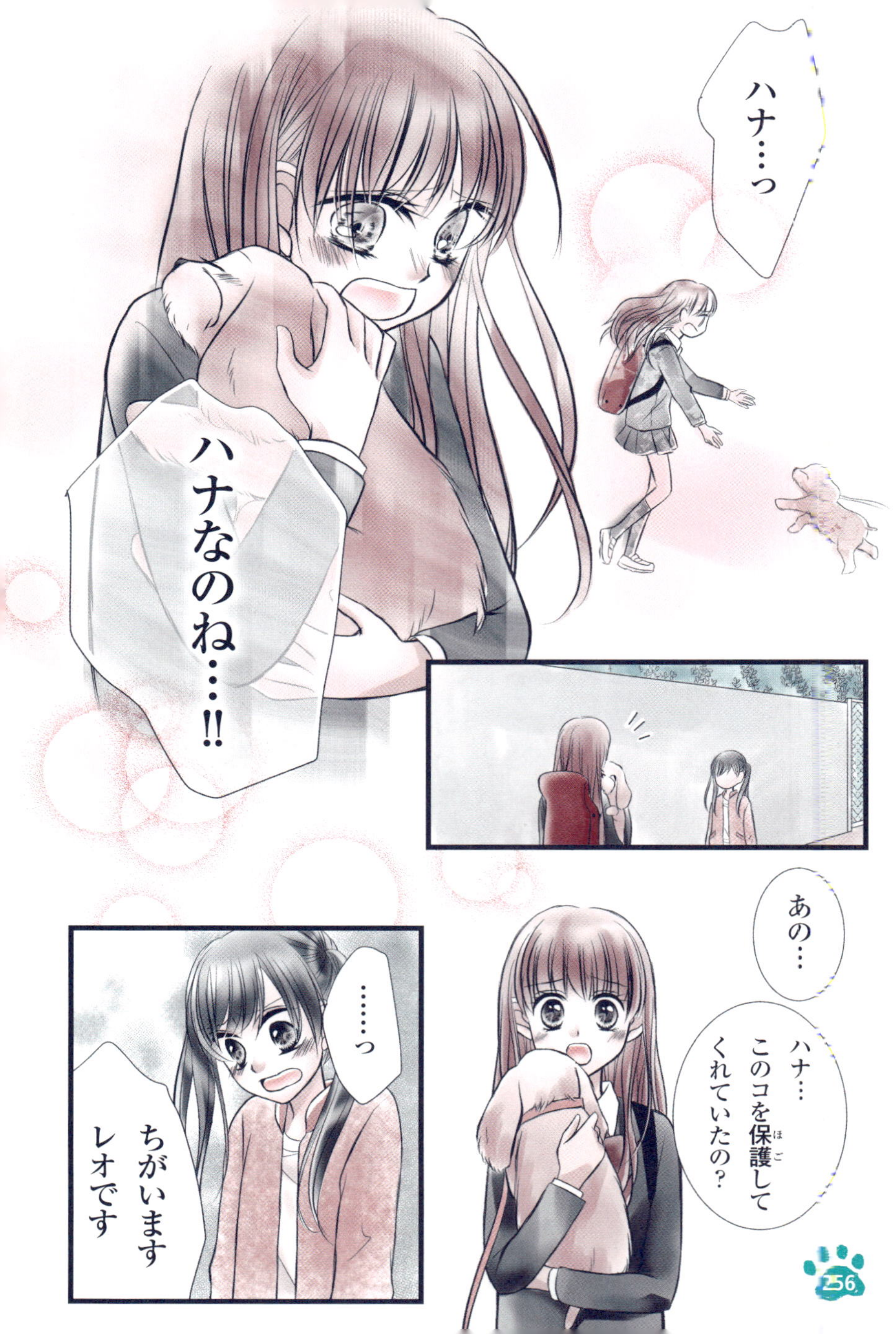
ハナ…っ
ハナなのね…!!
あの…
ハナ…このコを保護《ほご》してくれていたの?
……っ
ちがいますレオです

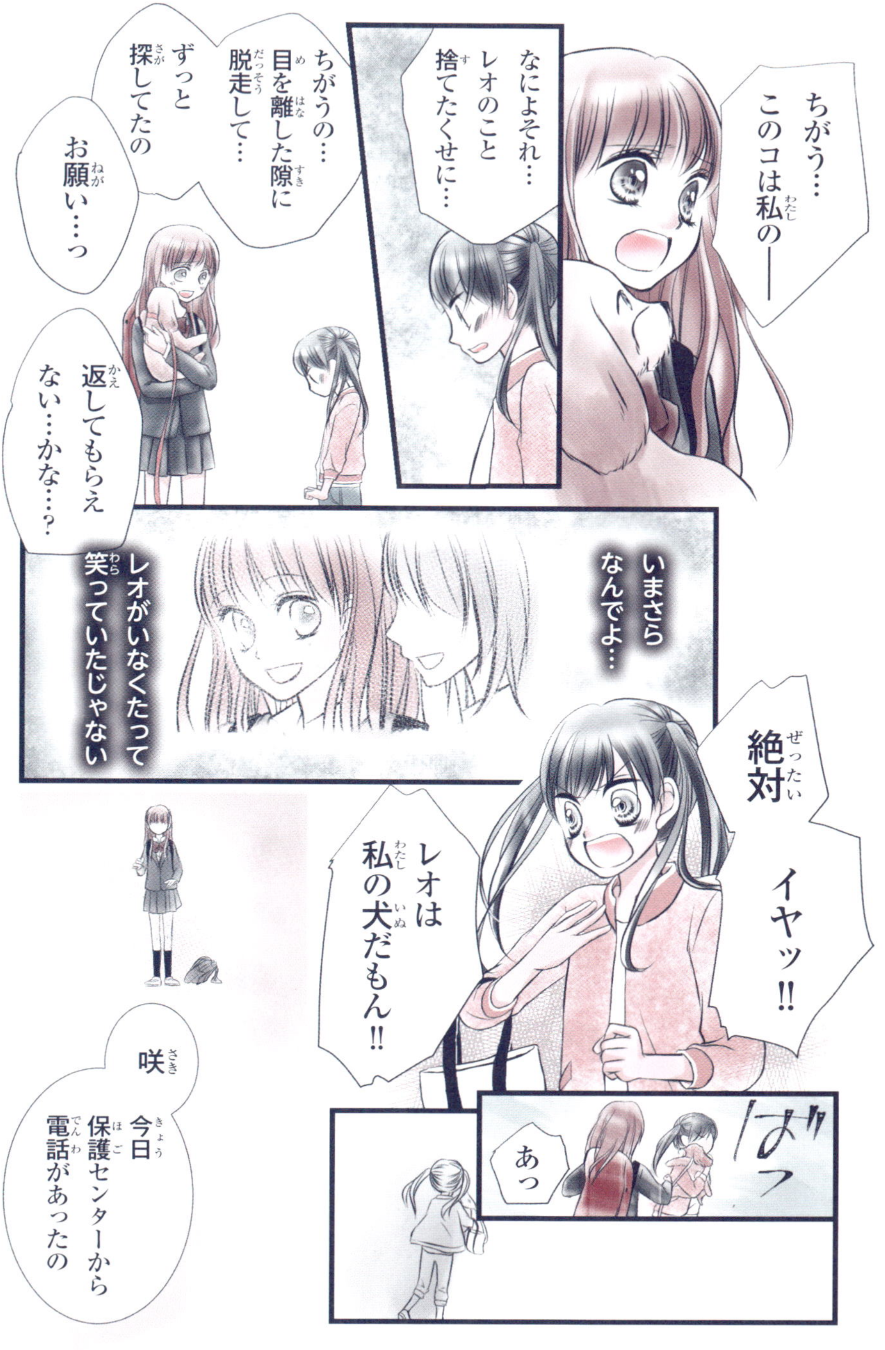

ちがう…このコは私《わたし》の——
なによそれ…レオのこと捨《す》てたくせに…
ちがうの…目《め》を離《はな》した隙《すき》に脱走《だっそう》して…
ずっと探《さが》してたの
お願《ねが》い…っ
返《かえ》してもらえない…かな…?
いまさらなんでよ…
レオがいなくたって笑《わら》っていたじゃない
絶対《ぜったい》イヤッ!!
レオは私《わたし》の犬《いぬ》だもん!!
ばっ
あっ
咲《さき》
今日《きょう》保護《ほご》センターから電話《でんわ》があったの

※決《き》められた一定《いってい》の範囲《はんい》を管理《かんり》すること

ずいぶん遠《とお》くまで
迷子《まいご》になっちゃったんだなぁ…
美優《みゆう》さんとちゅうで泣《な》いちゃって…
元気《げんき》でいてくれただけでも安心《あんしん》したって…電話《でんわ》を切《き》ったそうよ
咲《さき》
ママとパパも苦《くる》しいわ
咲《さき》がレオのこと本当《ほんとう》に大切《たいせつ》に思《おも》っているのもわかってる
だからこそレオの幸《しあわ》せを一番《いちばん》に考《かんが》えて決《き》めましょう
レオ…
レオの幸《しあわ》せ……
本当《ほんとう》はハナって言《い》うんだね
あの人《ひと》すごくやさしそうな人《ひと》だったね
レオはずっと美優《みゆう》さんを探《さが》してたんだ……
…ハナ
ハナ

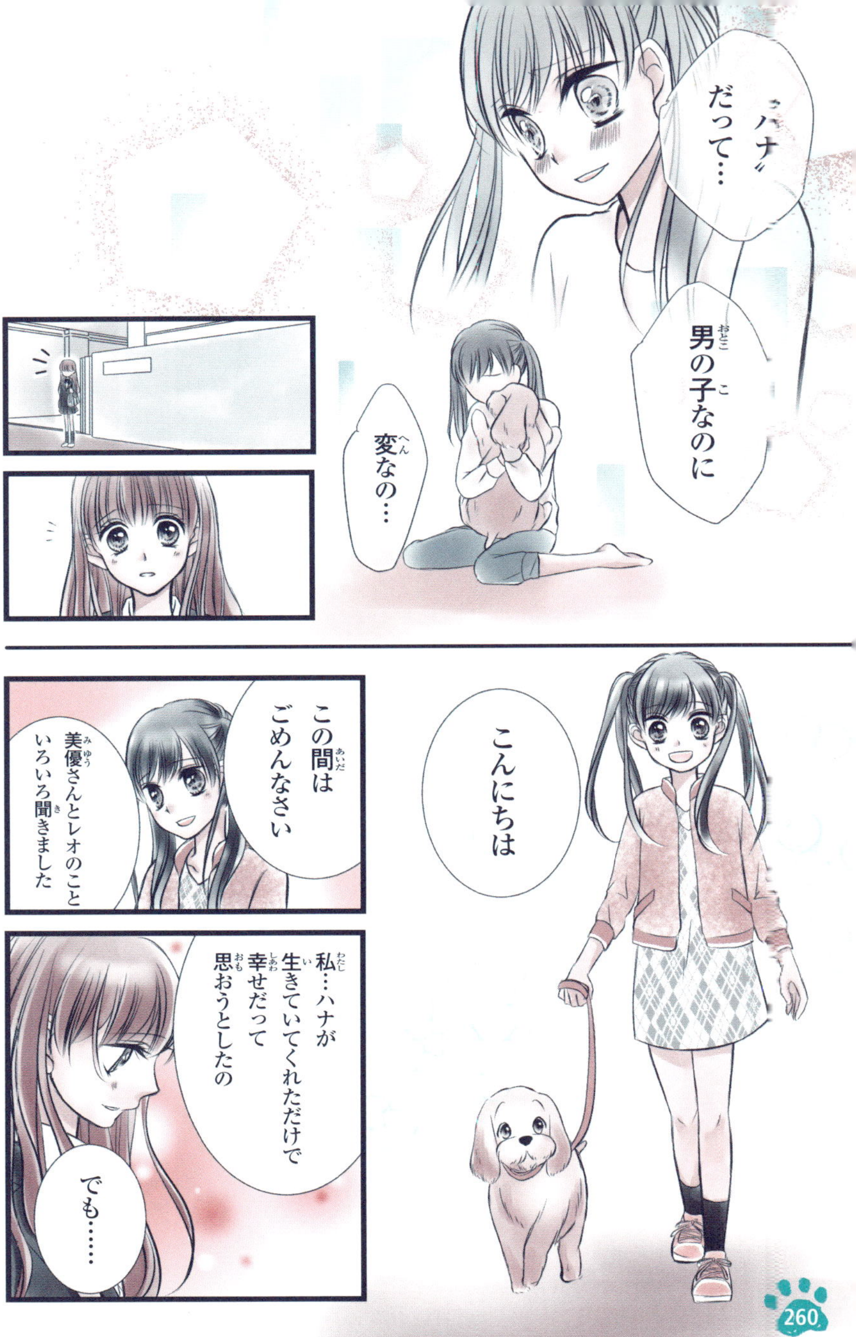
〝ハナ〟
だって…
男《おとこ》の子《こ》なのに
変《へん》なの…
こんにちは
この間《あいだ》は
ごめんなさい
美優《みゆう》さんとレオのこと
いろいろ聞《き》きました
私《わたし》…ハナが
生《い》きていてくれただけで
幸《しあわ》せだって
思《おも》おうとしたの
でも……

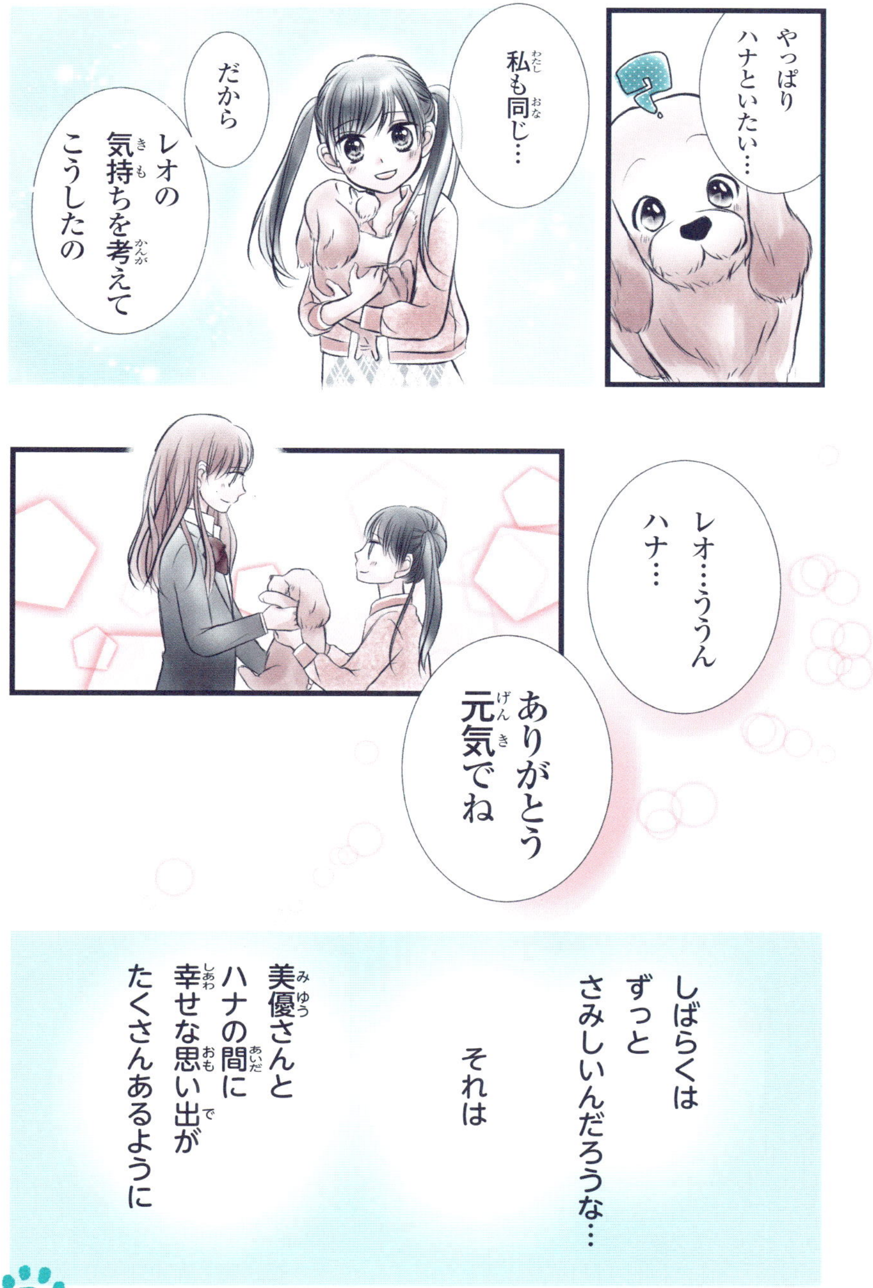
やっぱりハナといたい…
私《わたし》も同《おな》じ…
だから
レオの気持《きも》ちを考《かんが》えてこうしたの
レオ…ううんハナ…
ありがとう元気《げんき》でね
しばらくはずっとさみしいんだろうな…
それは
美優《みゆう》さんとハナの間《あいだ》に幸《しあわ》せな思《おも》い出《で》がたくさんあるように

私《わたし》とレオの
間《あいだ》にも
幸《しあわ》せで
楽《たの》しい思《おも》い出《で》が
たくさんあるから
1年半後《ねんはんご》―――…
私《わたし》の14歳《さい》の誕生日《たんじょうび》に
パパとママが
保護《ほご》センターから
犬《いぬ》を連《つ》れてきた
名前《なまえ》は
クッキー
クッキー
おいでっ
?
なに
もってきたの?
これ…

レオのぬいぐるみ!!
どこにあったの!?
ほめてっ
ほめてっ
わんっ
クッキーすごいっ!!
レオにまた会《あ》えるなんて!
〝幸《しあわ》せで楽《たの》しい思《おも》い出《で》〟…
ママー!!
クッキーがレオを見《み》つけてきてくれたの!!
クッキーとの毎日《まいにち》が今《いま》の私《わたし》の宝物《たからもの》です
え? レオがクッキーを?
ってどういうこと!?

時《とき》を越《こ》えたキセキ

第《だい》36話《わ》

だいすきなピッピへ

「来年《らいねん》も海《うみ》へ行《い》く」結月《ゆづき》はピッピと約束《やくそく》したけれど…。

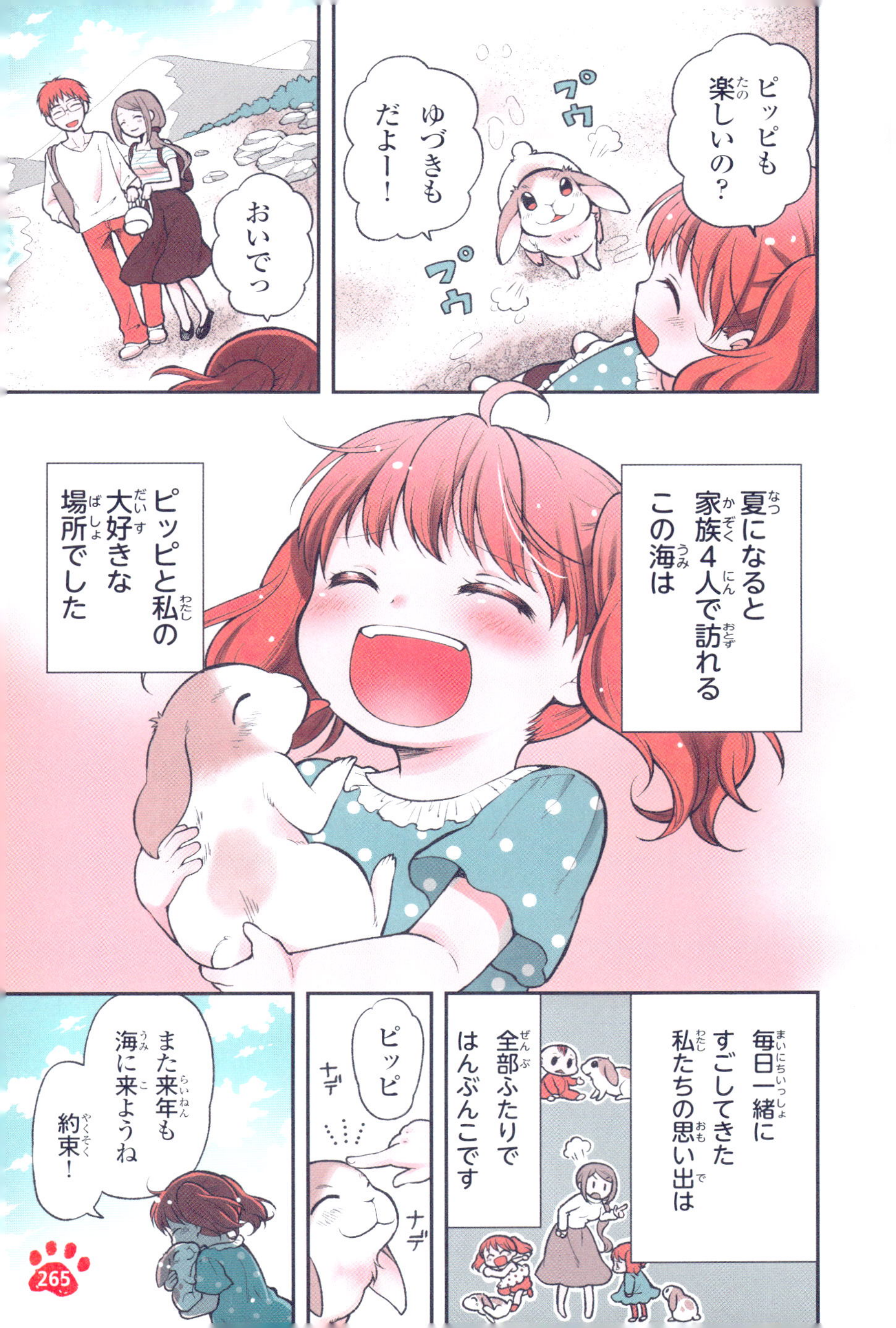
ピッピも楽《たの》しいの？
プゥ
プゥ
ゆづきもだよー！
おいでっ
夏《なつ》になると家族《かぞく》4人《にん》で訪《おとず》れるこの海《うみ》は
ピッピと私《わたし》の大好《だいす》きな場所《ばしょ》でした
毎日一緒《まいにちいっしょ》にすごしてきた私《わたし》たちの思《おも》い出《で》は
全部《ぜんぶ》ふたりではんぶんこです
ピッピ
ナデ
ナデ
また来年《らいねん》も海《うみ》に来《こ》ようね
約束《やくそく》！

——でも
ピッピとの約束《やくそく》が叶《かな》うことはありませんでした…
ピッピ…
やだよ…
約束《やくそく》したよね また海《うみ》に 行《い》くって…
旅行《りょこう》 来月《らいげつ》だよ ねぇ 起《お》きてよ
ピッピは とつぜん
違《ちが》う世界《せかい》に 旅立《たびだ》って しまったのです
ママ…
ピッピは今《いま》 どこにいるの？

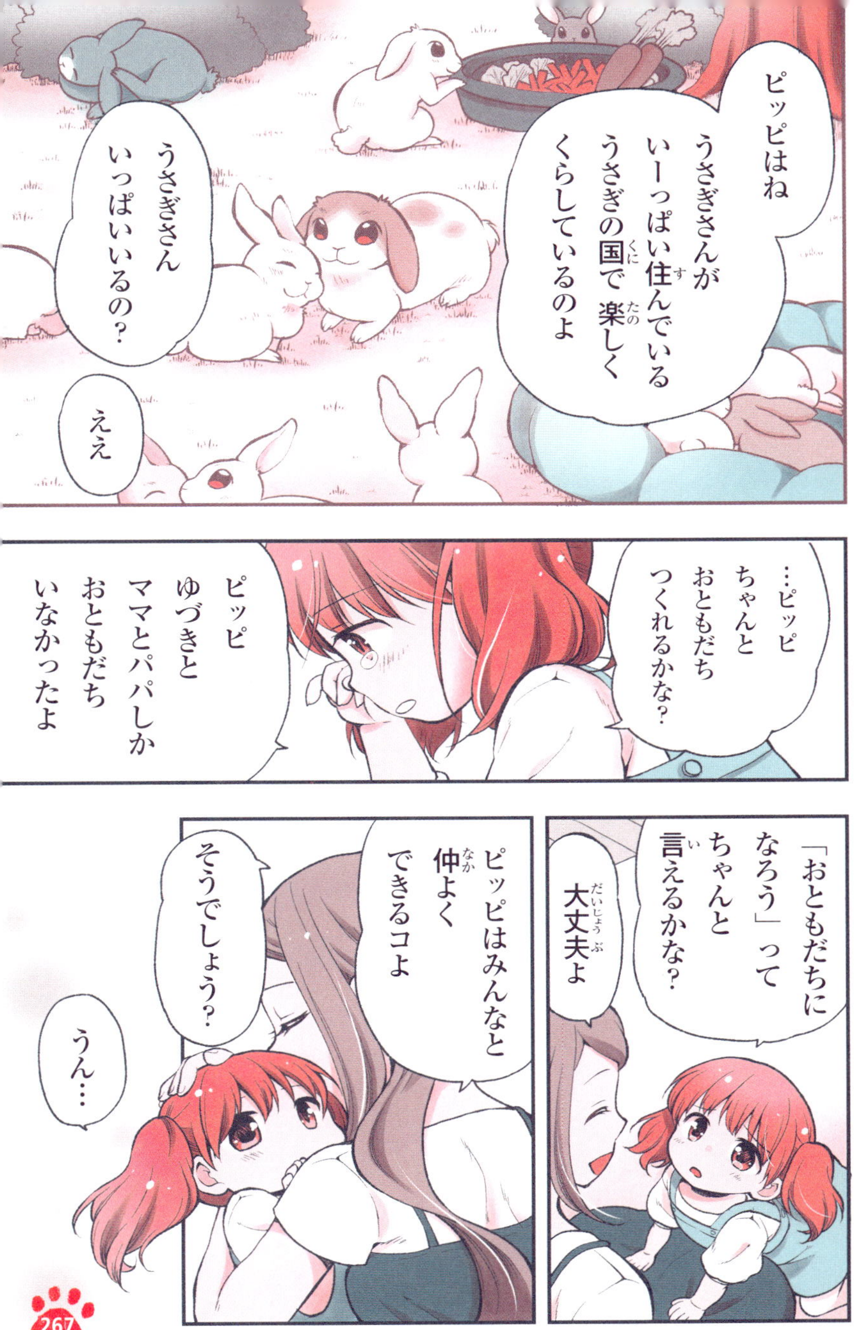
ピッピはね うさぎさんが いーっぱい住《す》んでいる うさぎの国《くに》で 楽《たの》しく くらしているのよ
うさぎさん いっぱいいるの？
ええ
…ピッピちゃんと おともだち つくれるかな？
ピッピ ゆづきと ママとパパしか おともだち いなかったよ
「おともだちに なろう」って ちゃんと 言《い》えるかな？
大丈夫《だいじょうぶ》よ
ピッピはみんなと 仲《なか》よく できるコよ
そうでしょう？
うん…

コチ
コチ
…ピッピ…
うさぎの国《くに》って
とおいの
かな…
はっ
そうだ
ぱッ
ピッピへ

おげんきですか？
うさぎのくには たのしい？
おともだちは できた？
おともだちをつくるときは
ピッピです
おともだちになってね って
にっこりいうんだよ。
そしたら なかよくなれるよ。
けんかしないで
なかよく くらしてね。
ときどき ゆづきのこと
おもいだしてね。
げんきでね。
ピッピだいすきだよ。
ゆづきより
おり おり
トン
サラ

写真《しゃしん》も入《い》れておくね
春野 弘 奈央 結月
HARUNO
南梅原市西234-5
ピッピーー……
ザ…
いい天気《てんき》
ザザン…
気持《きも》ちいいわね
去年来《きょねんき》たときピッピ楽《たの》しそうに結月《ゆづき》の足元《あしもと》ぐるぐる回《まわ》ってしてたわよね
ピッピは楽《たの》しいとすぐぐるぐる回《まわ》るからな

ちょっと波《なみ》のほう行《い》ってくるね
気《き》をつけるんだぞ
うん
ザザ
ザ
ちゃぽん
ちゃぷ
ちゃぷ
たくさんできるといいね
おともだち――……
……月日《つきひ》は流《なが》れ

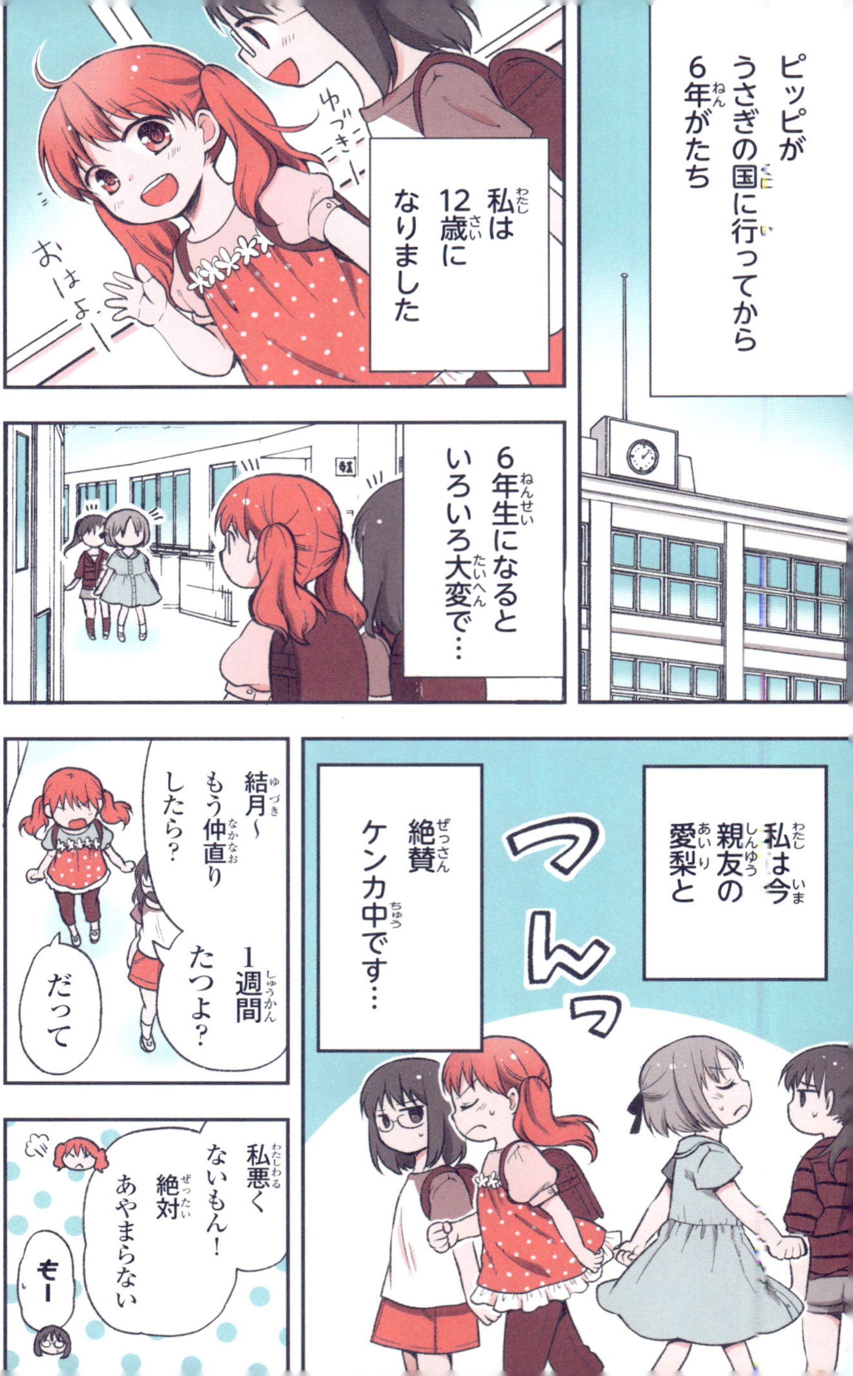
ピッピがうさぎの国《くに》に行《い》ってから6年《ねん》がたち
私《わたし》は12歳《さい》になりました
ゆづき～
おはよ～
6年生《ねんせい》になるといろいろ大変《たいへん》で…
私《わたし》は今《いま》親友《しんゆう》の愛梨《あいり》と
つんっ
絶賛《ぜっさん》ケンカ中《ちゅう》です…
結月《ゆづき》～もう仲直《なかなお》りしたら？
1週間《しゅうかん》たつよ？
だって
私悪《わたしわる》くないもん！絶対《ぜったい》あやまらない
も～

あーあ…
せっかくの日曜《にちよう》なのにすることないなぁ
いつもだったら愛梨《あいり》と遊《あそ》ぶのに…
結月《ゆづき》ー新聞《しんぶん》とってきてー
はぁーい
ん？
ヒラノ
私《わたし》あて？だれ…
南
春野ゆづき様

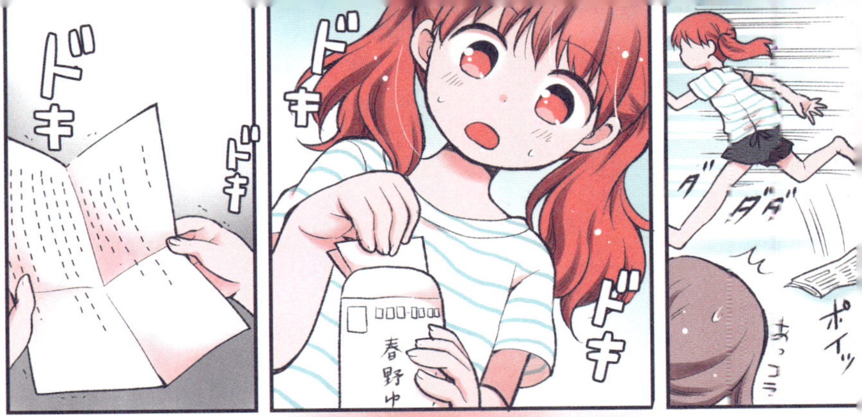

ゆづきへ

げんきですか。ぼくはげんきです。
うさぎのくにでは たくさん
おともだちが できました。

ゆづきとあえなくて
ないてしまうひも あるけど
いつも ともだちが
なぐさめてくれます。
ともだちのつくりかたを
おしえてくれた
ゆづきのおかげだよ。
けんかもしてないから あんしんしてね。

いつもとおくから
ゆづきのしあわせを ねがっています。

ピッピより

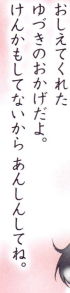

ピッピ…
字《じ》うますぎるよ
一筆《いっぴつ》したためようぞ
ぷっ
お友《とも》だち大事《だいじ》にできてるんだね
ナデ…
ゆづきへ
えらいね
すごいね
どやっ
…そうだよねピッピ
…私《わたし》
私《わたし》も

6年前《ねんまえ》の手紙《てがみ》は
ちゃんとピッピに届《とど》いていました
悩《なや》んで笑《わら》えなくなった私《わたし》を心配《しんぱい》して
今《いま》返事《へんじ》をくれたんだと思《おも》います
ピッピ…
私《わたし》も友《とも》だちと楽《たの》しくやってるよ

ザザ…
なつかしい…
ピッピとよく遊《あそ》んだ海《うみ》…
なにしてるの結月《ゆづき》行《い》くよー?
──うん
ちょっと待《ま》って愛梨《あいり》
ザザン
ピッピ ありがとう
よーいドン!
あはは
えっズルーイ!
あはは
ザザン

第《だい》37話《わ》

青空純《あおそらじゅん》物語《ものがたり》

通《つう》じ合《あ》う想《おも》い

病院《びょういん》で意識《いしき》が戻《もど》った純《じゅん》。そばには先生《せんせい》の姿《すがた》が…。

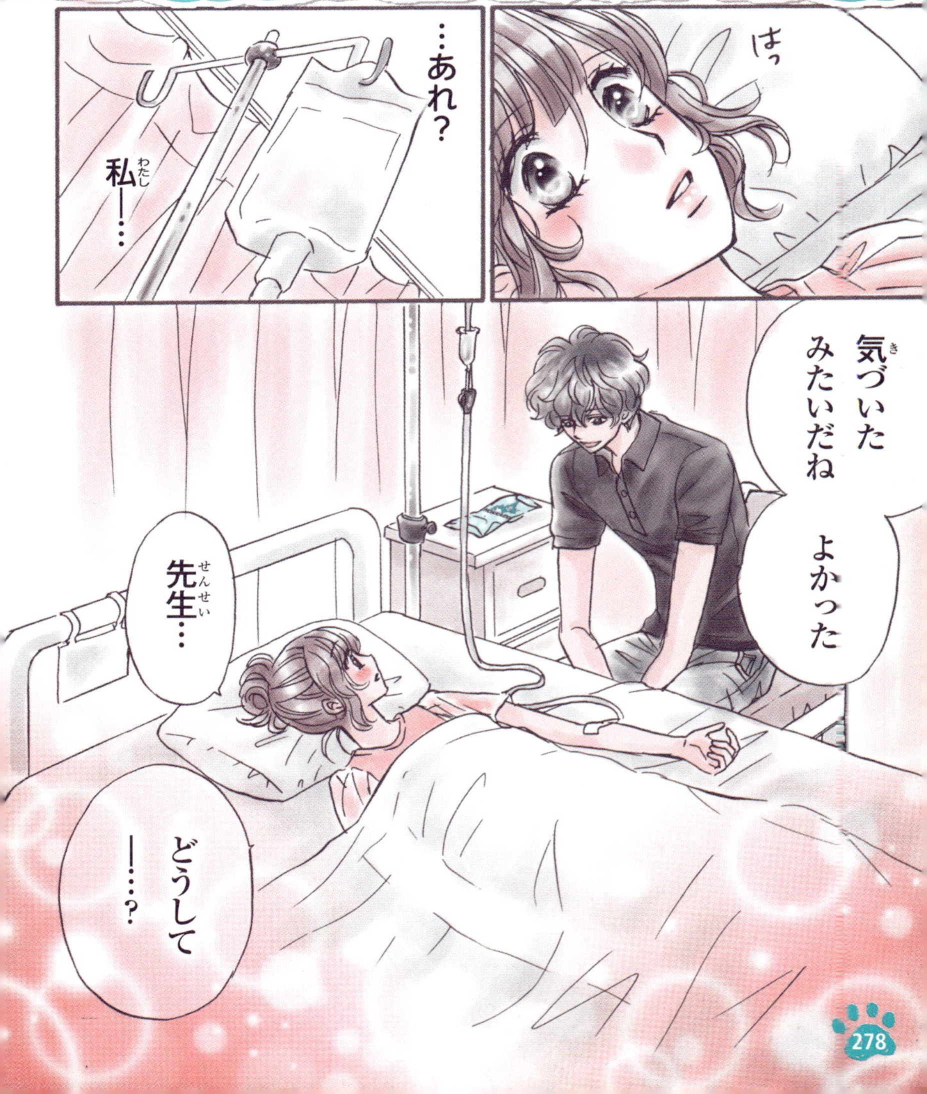

コロロが知《し》らせてくれたんだよ
えっ…
病院《びょういん》を閉《し》めて帰《かえ》ろうと思《おも》ったらコロロが走《はし》ってきてね…
コロロ!?
どうした!? リードもつけないで青空《あおぞら》さんは…
なにか くわえてる…?
北
HOKKAI
北海道《ほっかいどう》——…

タッ
コロロ…!?
なにかおかしいと思《おも》って追《お》いかけたら玄関《げんかん》に青空《あおぞら》さんが倒《たお》れてたんだよ
コロロが——…
すっすみません
ご迷惑《めいわく》おかけしてしまって…
ダメだよ寝《ね》てなきゃ
病院《びょういん》の先生《せんせい》は過労《かろう》だって…
少《すこ》し休《やす》んで点滴《てんてき》が終《お》わったら帰《かえ》っていいそうだよ

コロロは青空《あおぞら》さんのことすごくだいじに思《おも》ってる
キミを助《たす》けたくて必死《ひっし》だったんだ
おたがいを想《おも》う気持《きも》ちふたりの強《つよ》いキズナがキミを守《まも》ったんだよ
…帰《かえ》ったらコロロにお礼《れい》を言《い》います
うん
あっこれね
HOKKAIDO
コロロがくわえてたんだ
え…!?

これを…コロロが…
ガサ…
じつはこれ…先生《せんせい》へのおみやげだったんです
バッグに入《い》れたまま渡《わた》すタイミングがなくて
ぐちゃぐちゃになっちゃったんですけど……
よかったら―…
ありがとう
その後《ご》
先生《せんせい》の車《くるま》で家《いえ》まで送《おく》ってもらいました
北
HOKKAIDO

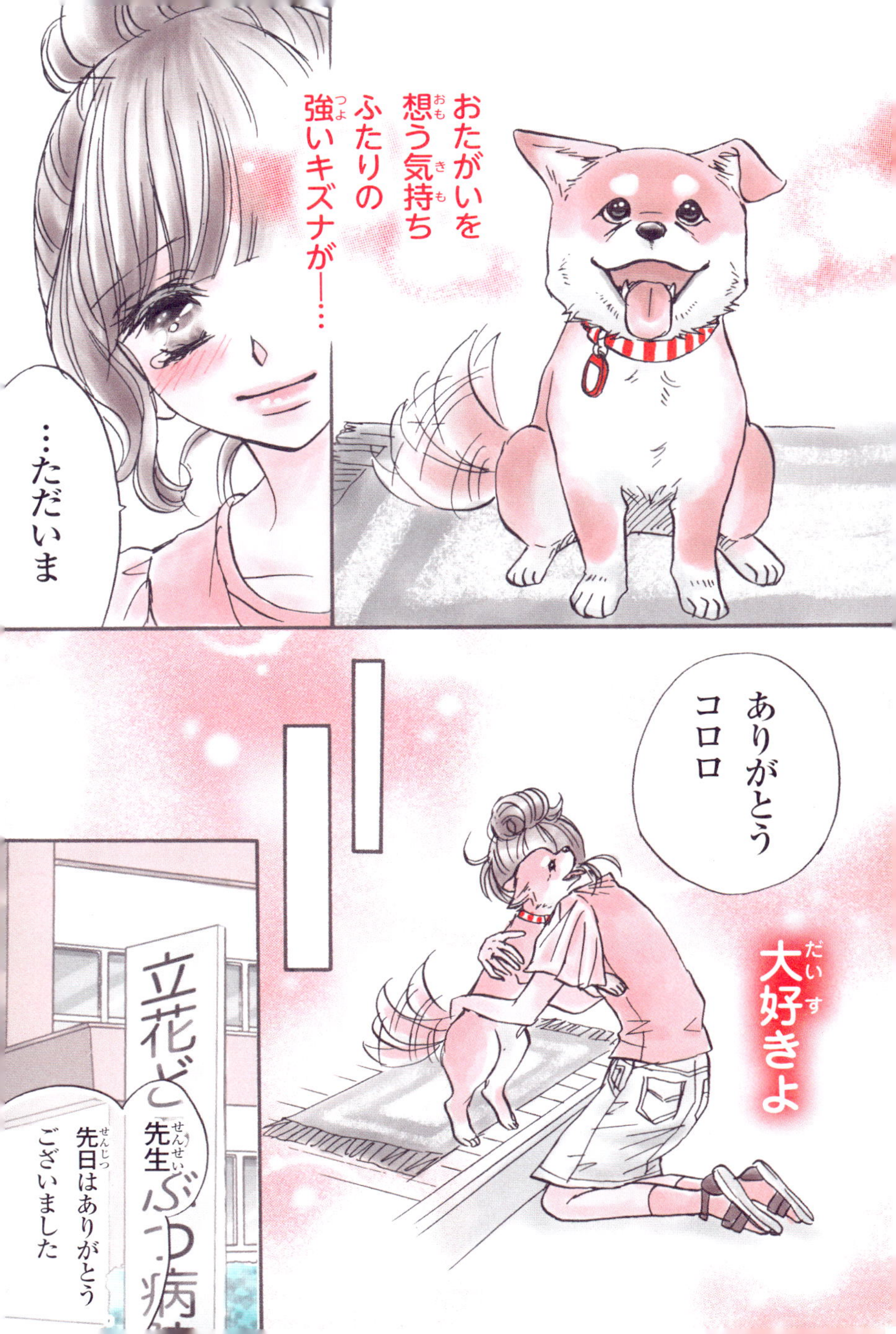
おたがいを想《おも》う気《き》持《も》ちふたりの強《つよ》いキズナが――…
…ただいま
ありがとうコロロ
大《だい》好《す》きよ
先生《せんせい》先日《せんじつ》はありがとうございました

お礼《れい》の気持《きも》ちをお伝えしたいんですけど
うまく話《はな》せそうにないので手紙《てがみ》を…
よかったら読《よ》んでください…っ
ありがとう
読《よ》ませてもらうよ
コロロ〜えらかったぞ〜
飼《か》い主《ぬし》を守《まも》るなんてかっこいいぞ〜♪
青空《あおぞら》さんとコロロのキズナは
本当《ほんとう》にすごいなぁ
あっ

ねーねー先生《せんせい》
そのペンなーにぃ？
変《へん》なのーっっ
そうかなぁ？
先生《せんせい》すごく気《き》に入《い》ってるんだけどね

立花《たちばな》先生《せんせい》へ

先日《せんじつ》は助《たす》けていただきありがとうございました。
病院《びょういん》のベッドで目《め》をさましたとき前《まえ》に先生《せんせい》の顔《かお》があって、
夢《ゆめ》の続《つづ》きなのか現実《げんじつ》なのか混乱《こんらん》してしまいました。
すぐにお礼《れい》が言《い》えず、すみませんでした。

北海道《ほっかいどう》の旅《たび》から帰《かえ》ったわたしは、ますますどうぶつがいとおしくて、
早《はや》く一人前《いちにんまえ》になってどうぶつたちの役《やく》に立《た》ちたいと、
後先考《あとさきかんが》えずに突《つ》っぱしりすぎました。。。

コロロが先生《せんせい》にわたしのことを知《し》らせに行《い》ってくれて、
先生《せんせい》に会《あ》うことができて、
先生《せんせい》が状況《じょうきょう》を察《さっ》してくれて、
キセキの連続《れんぞく》に感謝《かんしゃ》しています。

先生《せんせい》に知《し》らせに行《い》ったコロロが
途中《とちゅう》で事故《じこ》にあっていたら・・・、
道《みち》に迷《まよ》ってしまっていたら・・・、
考《かんが》えると恐《おそ》ろしくなります。
自己管理《じこかんり》のあまさで、いちばん近《ちか》くにいるコロロを
危険《きけん》な目《め》にあわせてしまうなんて。。。
またひとつコロロに大切《たいせつ》なことを気《き》づかせてもらいました。

先生《せんせい》が病院《びょういん》でかけてくださった言葉《ことば》、
すごくうれしかったです。

未熟《みじゅく》なわたしですが、先生《せんせい》の言葉《ことば》を宝物《たからもの》に
これからも頑張《がんば》ります。

青空《あおぞら》 純《じゅん》

◯カバーイラスト ―――――― 高咲あゆ
◯カバーデザイン ―――――― 棟保雅子
◯マンガ ―――――― カザマアヤミ　片ノ瀬結々　久木ゆづる　楠しめこ　酒井だんごむし　高咲あゆ　ひなた未夢　松浦はこ　みやうち沙矢　ものゆう　山野りんりん
◯挿絵 ―――――― ぽんがし　ユカ
◯作画協力 ―――――― くりやま
◯ストーリー ―――――― ささきあり
◯マンガシナリオ ―――――― ささきあり（第 16、21 話）
◯監修 ―――――― 札幌市円山動物園（第 2 話）
鳥羽水族館（第 3 話）
大阪市天王寺動物園（第 14 話）
認定 NPO 法人引退馬協会（第 16 話）
NPO 法人日本救助犬協会（第 32 話）
◯本文デザイン・DTP ―――――― 棟保雅子　佐藤明日香（株式会社スタジオダンク）
◯写真提供 ―――――― iStock/Getty Images
◯編集協力 ―――――― 後藤加奈（ロビタ社）

★「ミラクルラブリー♡どうぶつ写真館」に登場してくれたどうぶつたち
アンちゃん、ウパ太郎、オリーブ、キサラ、金太、くいしんぼう、ゲン、コロン、ジジ、シャオパオ、しらす、信三郎、大吉、チップ、チャッピー、チョコラ、とこたん、にゅぐ、ハピ、パンナ、ひゃっこ、ピリカ、ブッチ、ブルーノ、フルット、ベルッチ、ボス、まい、マロン、ミミ、メル、ルナ

ミラクルラブリー♡
感動《かんどう》のどうぶつ物語《ものがたり》 キセキの扉《とびら》

2017 年 4 月 20 日発行　第 1 版
2021 年 7 月 20 日発行　第 1 版　第 7 刷

編著者　青空 純
発行者　若松和紀
発行所　株式会社 西東社
〒113-0034　東京都文京区湯島 2-3-13
https://www.seitosha.co.jp/
電話　03-5800-3120（代）
※本書に記載のない内容のご質問や著者等の連絡先につきましては、お答えできかねます。

ISBN 978-4-7916-2543-7